DUAN PING KUAI HANYU
短平快汉语
Simple Chinese

CHUJI KOUYU (1)
初级口语（1）
Elementary Spoken Chinese (Part One)
初級中国語口語
쉽고 간단한 중국어

主　编：张新明
编　者：（以姓氏笔画为序）
　　　　王　励　　王起澜　　方绪军　　石慧敏　　任海波
　　　　刘小湘　　刘慧清　　张　欣　　吴　颖　　陶小东
　　　　秦惠兰　　黄明晔

北京大学出版社
PEKING UNIVERSITY PRESS

图书在版编目(CIP)数据

短平快汉语·初级口语(1) / 张新明主编. —北京：北京大学出版社，2006.1
ISBN 978-7-301-09478-5

Ⅰ.短… Ⅱ.张… Ⅲ.汉语–口语–对外汉语教学–教材 Ⅳ.H195.4

中国版本图书馆 CIP 数据核字(2005)第 107957 号

书　　　　名：	短平快汉语·初级口语(1)
著 作 责 任 者：	张新明　主编
责 任 编 辑：	邓晓霞　dxxvip@vip.sina.com
标 准 书 号：	ISBN 978-7-301-09478-5/H·1532
出 版 发 行：	北京大学出版社
地　　　　址：	北京市海淀区成府路 205 号　100871
网　　　　址：	http://www.pup.cn
电　　　　话：	邮购部 62752015　发行部 62750672　编辑部 62752028　出版部 62754962
电 子 邮 箱：	zpup@pup.pku.edu.cn
印 刷 者：	涿州市星河印刷有限公司
经 销 者：	新华书店
	787 毫米×1092 毫米　16 开本　19.25 印张　320 千字
	2006 年 1 月第 1 版　2017 年 1 月第 4 次印刷
定　　　　价：	52.00 元（附一张 CD）

未经许可，不得以任何方式复制或抄袭本书之部分或全部内容。
版权所有，侵权必究　举报电话：010-62752024
　　　　　　　　　　电子邮箱：fd@pup.pku.edu.cn

前 言

《短平快汉语·初级口语》是一本初级汉语阶段的口语会话教材,教学对象是零起点的外国学生。全书共 16 课,每课有两个部分,适用于四周以内(每周 20 学时)的短期班课堂教学。

一、教材的主要特点:

1. 实用性:以学生日常生活中最常用、最急需的交际情景话题为主要教学内容,着重训练学生听和说的言语交际技能。

2. 简洁性:选用最简单的、尽可能单一化的基本句式和表达方式,不但易于教师说明,而且利于学生理解、归纳、记忆及运用。

3. 完整性:突出句法的完整性,不过多地采用实际语言交际中的简省表达法,以培养学生使用完整句式来进行正确表达的能力。

4. 可控性:对词汇、语法、句长、篇幅等在量上进行控制,并使之较均匀地分布在每课的各部分中,以符合零起点学生的认知能力与实际可接受性:

词汇方面:98%是甲级词汇,总词汇量在 400 个以下(每课各部分的词汇在 15 个以下)。

语法方面:98%是甲级语法,语法点总数在 40 项左右(每课各部分的语法点在 3 项以下)。

句长方面:每个句子的长度在 10 个词以下,最长不超过 12 个字。

篇幅方面:每课各部分的篇幅长度在 10 段以下。

5. 重复性:重视提高所输入语言信息的重现率,且在课文与练习的内容、形式及顺序的编排上,都有利于学生重复说,反复练。

6. 递进性:由易而难、由简到繁地编排语法项目,尽量使之前后衔接。每课各部分中的练习也主要由四种相互关联、逐层递进的操练形式组成:

练习一:调换词语的替换练习。

练习二:使用重点句式的对话操练。

练习三:聚合重点语料的节奏句朗读。

练习四:运用所学课文内容的单独叙述。

二、教学建议

1. 在教学进度上，每课的各部分可用2学时完成，4学时完成一篇课文。在学完四篇课文后，由教师安排时间复习。

2. 每课各部分中的"补充练习"可视学生的学习水平或教学时间灵活掌握，既可在课堂上进行，也可让学生在课外完成。

3. 每课中列有"补充词语"或"专名"，但仅要求领会式掌握。在教学中，教师也可根据实际需要进行增减。

4. 教材中的"汉语拼音"与"附录"部分只作为附带性内容，教师可根据学生的汉语水平或需求来确定是否需要讲解。

本教材在编写过程中，得到北京大学出版社多位编辑老师的关心、指导和帮助：郭荔、沈浦娜、沈岚三位老师不仅对此教材的出版给予了极大的支持，提出了许多甚为宝贵的意见和建议，而且还据此教材的特点将其定名为《短平快汉语》。邓晓霞老师在编辑出版此教材时，更是做了大量具体而细致的工作。此外，我院的研究生朱丽萍、周景明在标注汉语拼音，进行英文注释，以及编排教材版式上也花费了许多时间和精力，在此一并致以衷心的感谢。

上海师范大学对外汉语学院
教材编写组
2005年4月

目 录
Contents

Hànyǔ pīnyīn
汉 语 拼 音
Chinese Pinyin ··· 1
中国語発音表記
중국어 병음

Lǐmào yòngyǔ
礼 貌 用 语
Polite Expressions ·· 1
よく使う言葉
예의 용어

Kètáng yòngyǔ
课 堂 用 语
Classroom Expressions ·· 2
授業中の用語
교실 용어

Dì-yī kè   Xìngmíng yǔ shēnfen
第 一 课   姓名   与   身份
Lesson 1   Name and Identity ·· 1
第一课   氏名と身分
제 1 과   이름과 신분

Dì-èr kè   Shùzì yǔ shùliàng
第 二 课   数字 与 数量
Lesson 2   Figure and Amount ··· 16
第二课   數字と數量
제 2 과   숫자 와 수량

Dì-sān kè   Rìqī yǔ shíjiān
第 三 课   日期 与 时间
Lesson 3   Date and Time ·· 32
第三課   日付と時間
제 3 과   날짜 와 시간

Dì-sì kè   Gòu wù yǔ wèn jià
第 四 课   购 物 与 问价
Lesson 4   Shopping and Asking Prices ································ 47
第四課   買い物と値段の尋ね方
제 4 과   쇼핑하기

Dì-wǔ kè   Chī fàn yǔ diǎn cài
第 五 课   吃 饭 与 点 菜
Lesson 5   Dining and Ordering Dishes ································ 62
第五課   食事と注文
제 5 과   식사 와 주문

Dì-liù kè   Wèn lù yǔ zuò chē
第 六 课   问 路 与 坐 车
Lesson 6   Asking the Way and Taking Transport ··················· 78
第六課   道の尋ね方と交通
제 6 과   길 묻 기

Dì-qī kè   Xuéxí yǔ xuéxiào
第 七 课   学习 与 学校
Lesson 7   Learn and School ··· 94
第七課   勉強と学校
제 7 과   공부 와 학교

Dì-bā kè   Shēnghuó yǔ huánjìng
第 八 课   生活 与 环境
Lesson 8   Living and Environment ····································· 108
第八課   生活と環境
제 8 과   생활과 환경

Dì-jiǔ kè   Cānguān yǔ yóulǎn
第 九 课   参观 与 游览
Lesson 9   Visit and Sight-seeing ·················· 124
第九課   見学と観光
제 9 과   견학 과 유람

Dì-shí kè   Fǎngwèn yǔ zuòkè
第 十 课   访问 与 做客
Lesson 10   Visit and Be a Guest in Someone's House ·············· 137
第十課   訪問ともてなし
제 10 과   방문 과 초대

Dì-shíyī kè   Àihào yǔ xìngqù
第 十一 课   爱好 与 兴趣
Lesson 11   Habits and Interests ·················· 150
第十一課   趣味と興味
제 11 과   취미 와 관심

Dì-shí'èr kè   Tiānqì yǔ qìhòu
第 十二 课   天气 与 气候
Lesson 12   Weather and Climate ·················· 164
第十二課   天気と気候
제 12 과   날씨 와 기후

Dì-shísān kè   Diànhuà yǔ tōngxùn
第 十三 课   电话 与 通讯
Lesson 13   Phone and Communication ·················· 178
第十三課   電話と通信
제 13 과   전화 와 통신

Dì-shísì kè   Shēntǐ yǔ jiànkāng
第 十四 课   身体 与 健康
Lesson 14   Body and Health ·················· 191
第十四課   身体と健康
제 14 과   몸 과 건강

Dì-shíwǔ kè Lǚxíng yǔ zhùsù
第 十五 课　旅行 与 住宿
Lesson 15　Trip and Finding Accommodation ················· 204
第十五課　旅行と宿泊
제 15 과　여행 과 숙소

Dì-shíliù kè Shōuhuò yǔ gàobié
第 十六 课　收获 与 告别
Lesson 16　Achievements and Saying Good-bye ················· 217
第十六課　成果とお別れ
제 16 과　성과 와 작별

生词总表 ··· 229

附录一　中国菜名 ··· 275

附录二　中国大城市特色餐馆 ······························· 278

附录三　中国大城市旅游景点及旅游线路 ····················· 281

附录四　中国大城市的特色街道及特色商店 ··················· 286

附录五　中国大城市常用电话号码 ··························· 291

附录六　中国大城市部分出租车公司 ························· 293

附录七　中国大城市主要医院 ······························· 295

Hànyǔ pīnyīn
汉语 拼音 / Chinese pinyin
中国語発音表記 / 중국어 병음

Shēngmǔ
一、声母 / Initial / 子音 / 성모

```
b  p  m  f        d  t  n  l
g  k  h           j  q  x
z  c  s           zh ch sh r
```

Yùnmǔ
二、韵母 / Final / 母音 / 운모

```
a   o   e   i   u   ü
ai  ei  ao  ou  ia  ie  iao  iou(iu)
ua  uo  uai  uei(ui)  üe
an  en  in  ang  eng  ing  ong
ian  iang  iong  uan  uen(un)  uang  ueng  üan  ün
```

Shēngdiào
三、声调 / Tone / 声調 / 성조

ā á ǎ à

Zhùyì
注意 / Notes / 注意 / 주의

1. i—yi   ya ye yao you yin ying yan yang yong
2. u—wu   wa wo wai wei wan wang wen weng

初级口语（1）

3. ü—yu　　　　ju qu xu

4. iou—you　　　jiu qiu xiu diu liu miu niu

5. uei—wei　　　dui tui gui kui hui
　　　　　　　　zui cui sui zhui chui shui rui

6. uen—wen　　 dun tun gun kun hun lun
　　　　　　　　zun cun sun zhun chun shun run

7. üe—yue　　　 jue que xue // lüe nüe

8. üan—yuan　　juan quan xuan

9. ün—yun　　　jun qun xun

Liànxí

四、练习 / Practise / 練習 / 연습

bàba	māma	gēge	dìdi	dìtú
mǎlù	nǔlì	fùxí	kěyǐ	héfú
qìchē	sùshè	lìshǐ	shūfu	jīqì
cíqì	shùzì	bōli	zhīshi	pùbù
júzi	dìqū	bìxū	yǔfǎ	bǐrú
hēibái	lǎoshī	xiàyǔ	dìtiě	xīguā
huǒchē	huìhuà	fēijī	shìjiè	shūcài
yóujú	zhīdào	méiyǒu	báijiǔ	xuéxí
jīdàn	wēndù	jūnduì	yīnyuè	quēshǎo
lóufáng	shāngdiàn	diàndēng	diànyǐng	
jiàoshì	qíguài	jiàoshòu	shǒubiǎo	
yínháng	xiāngyān	kōngtiáo	xuǎnjǔ	
yīyuàn	juédìng	xiànzài	xióngmāo	
zhuānyè	guāngmíng	yùndòng	zhàopiàn	
érzi	nǚ'ér	érqiě	ěrduo	ǒu'ěr
zhèr	nàr	wánr	yìdiǎnr	yíhuìr

Lǐmào yòngyǔ
礼貌 用语 / Polite Expressions
 よく使う言葉 / 예의 용어

1. 你好   nǐ hǎo   Hello, how do you do
                                       こんにちは
                                       안녕하십니까

2. 再见   zàijiàn   good-bye
                                       さようなら
                                       안녕히 가십시오 (계십시오)

3. 谢谢   xièxie   to thank
                                       ありがとう
                                       감사 합니다

4. 不客气   bú kèqi   Don't mention it, you're welcome
                                       どういたしまして
                                       천만에요

5. 对不起   duìbuqǐ   I am sorry
                                       ごめんなさい
                                       미안합니다

6. 没关系   méi guānxi   that's all right
                                       大丈夫です
                                       괜찮습니다

Kètáng yòngyǔ
课堂 用语 / Classroom Expressions
 授業中の用語 / 교실 용어

1. 学习课文　　　xuéxí kèwén　　　to learn text
　　　　　　　　　　　　　　　　　教科書を学ぶ
　　　　　　　　　　　　　　　　　본문을 공부하다

2. 学习词语　　　xuéxí cíyǔ　　　　to learn words
　　　　　　　　　　　　　　　　　語句を学ぶ
　　　　　　　　　　　　　　　　　단어를 공부하다

3. 做练习　　　　zuò liànxí　　　　to do exercises
　　　　　　　　　　　　　　　　　練習する
　　　　　　　　　　　　　　　　　연습문제를 풀다

4. 跟我读　　　　gēn wǒ dú　　　　please read after me
　　　　　　　　　　　　　　　　　私と一緒に読んで下さい
　　　　　　　　　　　　　　　　　저를 따라 읽으세요

5. 请你读　　　　qǐng nǐ dú　　　　please read...
　　　　　　　　　　　　　　　　　読んで下さい
　　　　　　　　　　　　　　　　　~를 읽어 주십시오

6. 请看……　　　qǐng kàn...　　　please look at...
　　　　　　　　　　　　　　　　　~を見て下さい
　　　　　　　　　　　　　　　　　~를 봐 주십시오

7. 你说　　　　　nǐ shuō　　　　　you say
　　　　　　　　　　　　　　　　　話して下さい
　　　　　　　　　　　　　　　　　말씀 하십시오

8. 我听　　　　　wǒ tīng　　　　　I'll listen
　　　　　　　　　　　　　　　　　私は聞きます
　　　　　　　　　　　　　　　　　제가 듣겠습니다

9. 我问　　　　　wǒ wèn　　　　　I'll ask
　　　　　　　　　　　　　　　　　質問します
　　　　　　　　　　　　　　　　　제가 물어 보겠습니다

10. 请你回答。　　Qǐng nǐ huídá.　　you answer, please.
　　　　　　　　　　　　　　　　　答えて下さい
　　　　　　　　　　　　　　　　　당신이 대답하십시오

11. 你懂吗?　　　nǐ dǒng ma?　　　Do you understand?
　　　　　　　　　　　　　　　　　分かりましたか?
　　　　　　　　　　　　　　　　　이해하시겠습니까?

Dì-yī kè   Xìngmíng yǔ shēnfen
第一课　姓名　与　身份
Lesson 1   Name and Identity
第一課　　氏名と身分

제1과　이름과 신분

Kèwén
课文 1 / Text 1
本文 1 / 본문 1

Nǐ hǎo!
A：你 好！
Nǐ hǎo!
B：你 好！
Wǒ xìng Wáng, jiào Wáng Huá.　　... Nǐ xìng shénme?
A：我 姓 王，叫 王 华。……你 姓 什么？
Wǒ xìng Mǎ.
B：我 姓 马。
Nǐ jiào shénme míngzi?
A：你 叫 什么 名字？
Wǒ jiào Mǎkè.
B：我 叫 马克。
Nǐ shì nǎ guó rén?
A：你 是 哪 国 人？
Wǒ shì Yīngguó rén.
B：我 是 英国 人。

短平快汉语
初级口语（1）

Cíyǔ
词语 / Words / 語句 / 단어

1. 你	nǐ	you あなた 너, 자네, 당신
2. 好	hǎo	good, well 良い 좋다
你好！	Nǐ hǎo!	How do you do? おはよう。 안녕하십니까?
3. 我	wǒ	I, me 僕/私 나, 저
4. 姓	xìng	surname, family name 姓 성(씨)
我姓……	Wǒ xìng...	My family name is... 私の姓は〜といいます。 저는 성이... 입니다.
5. 叫	jiào	to call 呼ぶ 찾다, 외치다
我叫……	Wǒ jiào...	My name is... 私の名前は〜といいます。 저는 ...이라고 부릅니다.
6. 什么	shénme	what 何 무엇, 어떤
7. 名字	míngzi	name 名前 이름, 성명

8. 是	shì	to be
		〜だ。〜である。
		...이다
9. 哪	nǎ	which
		どの、どれ
		어느, 어떤, 어디
10. 国	guó	country
		国
		국가, 나라
11. 人	rén	person, people
		人
		사람, 인간

Zhuānmíng

专名 / Proper names / 固有名詞 / 고유명사

1. 王华	Wáng Huá	name of a person
		王　華
		왕화(인명)
2. 马克	Mǎkè	name of a person
		マーク
		마커(인명)
3. 英国	Yīngguó	Britain
		イギリス
		영국

短平快汉语
初级口语（1）

Liànxí
练习 / Exercises
練習 / 연습

Tìhuàn liànxí
一、替换 练习 / Substitution drills / 言い換え練習 / 대환 연습

　　　Tā xìng shénme?　　　　　　Tā xìng Gāo.
1. A: 他 姓 什么？　　　　B: 他 姓 高。
　　　　　　　　　　　　　　　　　Fāng
　　　　　　　　　　　　　　　　　方

　　　Tā jiào shénme míngzi?　　　Tā jiào Gāo Dàwèi.
2. A: 他 叫 什么 名字？　　　B: 他 叫 高 大卫。
　　　　　　　　　　　　　　　　　Fāng Lìběn
　　　　　　　　　　　　　　　　　方 立本

　　　Tā shì nǎ guó rén?　　　　　Tā shì Zhōngguó rén.
3. A: 她 是 哪 国 人？　　　B: 她 是 中国 人。
　　　　　　　　　　　　　　　　　Hánguó rén
　　　　　　　　　　　　　　　　　韩国 人
　　　　　　　　　　　　　　　　　Rìběn rén
　　　　　　　　　　　　　　　　　日本 人
　　　　　　　　　　　　　　　　　Měiguó rén
　　　　　　　　　　　　　　　　　美国 人

Bǔchōng cíyǔ
补充 词语 / Additional words / 補足単語 / 보충 단어

　1. 他　　　　　　tā　　　　　he, him
　　　　　　　　　　　　　　　彼、あの人
　　　　　　　　　　　　　　　그, 그사람, 그이

2. 她　　　　　　　tā　　　　　　　she, her
　　　　　　　　　　　　　　　　　彼女、あの人
　　　　　　　　　　　　　　　　　그 여자, 그녀

Zhuānmíng
专　名 / Proper nouns / 固有名詞 / 고유명사

1. 中国　　　　　　Zhōngguó　　　China
　　　　　　　　　　　　　　　　　中国
　　　　　　　　　　　　　　　　　중국

2. 韩国　　　　　　Hánguó　　　　Korea
　　　　　　　　　　　　　　　　　韓国
　　　　　　　　　　　　　　　　　한국

3. 日本　　　　　　Rìběn　　　　　Japan
　　　　　　　　　　　　　　　　　日本
　　　　　　　　　　　　　　　　　일본

4. 美国　　　　　　Měiguó　　　　America
　　　　　　　　　　　　　　　　　米国
　　　　　　　　　　　　　　　　　미국

Wánchéng duìhuà
二、完成　对话 / Complete the dialogue / 对話練習 / 완성 대화

　　　　　Nǐ xìng shénme?
1. A：你 姓 什么？
　　　　Wǒ xìng _____.
　B：我 姓 _____。

　　　　　Nǐ jiào shénme míngzi?
2. A：你 叫 什么 名字？
　　　　Wǒ jiào _____.
　B：我 叫 _____。

　　　　　Nǐ shì nǎ guó rén?
3. A：你 是 哪 国 人？
　　　　Wǒ shì _____.
　B：我 是 _____。

短平快汉语

初级口语（1）

Kuàisù lǎngdú
三、快速 朗读 / Read out fast / 速読練習 / 빨리 읽기

Wǒ xìng Wáng, jiào Wáng Huá. Nǐ xìng Fāng, jiào Fāng Lì. Tā xìng Mǎ, jiào MǎKè.
1. 我姓王，叫王华。你姓方，叫方力。他姓马，叫马克。

Nǐ shì nǎ guó rén? Wǒ shì Zhōngguó rén. Tā shì nǎ guó rén? Tā shì Yīngguó rén.
2. 你是哪国人？我是中国人。他是哪国人？他是英国人。

Shuō yi shuō
四、说一说 / Speak / 言ってみましょう / 말해보기

Wǒ xìng _____, jiào _____, wǒ shì _____ rén.
我姓_____，叫_____，我是_____人。

Bǔchōng liànxí
补充 练习 / Additional exercises
補足練習 / 보충연습

lǎngdú
一、朗读 / Read aloud / 朗読 / 읽기

shénme → xìng shénme → Nǐ xìng shénme?
1. 什么 → 姓什么 → 你姓什么？

jiào → jiào shénme → jiào shénme míngzi → Nǐ jiào shénme míngzi?
2. 叫 → 叫什么 → 叫什么名字 → 你叫什么名字？

nǎ → nǎ guó → nǎ guó rén → shì nǎ guó rén → Nǐ shì nǎ guó rén?
3. 哪 → 哪国 → 哪国人 → 是哪国人 → 你是哪国人？

Yòng kuòhào lǐ de cíyǔ, bǎ jùzi gǎichéng wènjù
二、用 括号 里 的 词语，把 句子 改成 问句 /
Change the sentences into interrogative sentences using the words in the brackets /

括弧内の単語を使って疑問文に変えなさい /

괄호 안의 단어를 사용하여, 문장을 바꿔 쓰시오

    Wǒ jiào Wáng Huá. (shénme) → Nǐ jiào _____?
1. 我 叫 王 华。(什么) → 你 叫 _____?

    Wǒ shì Zhōngguó rén. (nǎ) → Nǐ shì _____?
2. 我 是 中国 人。(哪) → 你 是 _____?

zǔ jù
三、组句 / Combine the following words into sentences /

以下の語を正しい順序にして文を作りなさい /

단어를 재배열하여 문장을 완성하시오

   xìng   shénme   nǐ
1. 姓   什么   你

   míngzi   nǐ   shénme   jiào
2. 名字   你   什么   叫

   shì   rén   guó   nǐ   nǎ
3. 是   人   国   你   哪

Kèwén
课文 2 / Text 2
本文 2 / 본문 2

Nǐ shì xuésheng ma?
A: 你是学生吗?

Shì, wǒ shì xuésheng. …… Nǐ ne?
B: 是,我是学生。…… 你呢?

Wǒ yě shì xuésheng. …… Tā shì lǎoshī ma?
A: 我也是学生。…… 他是老师吗?

Bù, tā bú shì lǎoshī, tā yě shì xuésheng.
B: 不,他不是老师,他也是学生。

Xiànzài, nǐ xuéxí shénme?
A: 现在,你学习什么?

Xiànzài, wǒ xuéxí Hànyǔ.
B: 现在,我学习汉语。

Rènshi nǐ, wǒ hěn gāoxìng.
A: 认识你,我很高兴。

Rènshi nǐ, wǒ yě hěn gāoxìng.
B: 认识你,我也很高兴。

Cíyǔ
词语 / Words / 語句 / N 단어

1. 学生	xuésheng	student 学生 학생
2. 吗	ma	a partical used at the end of a question 相手に質問するときに用いる。 구의 끝에 사용되어 의문 표시

3. 呢	ne	to ask the same question as asked before
疑問文の最後に用い、答えを催促する。
(지시, 선택, 반복)의문문의 말미에 사용되어져 의문의 어조를 표현함.
你呢?	Nǐ ne?	And you?
あなたは？
넌? 당신은요?
4. 也	yě	too, also
〜も
또한, 게다가, 역시, 마찬가지로
5. 他	tā	he, him
彼、あの人
그, 그사람, 그이
6. 老师	lǎoshī	teacher
先生
선생님, 스승
7. 不	bù	no, not
いいえ、しない
아니, 아니다
8. 现在	xiànzài	now
今、現在
지금, 현재
9. 学习	xuéxí	to study, to learn
習う、学ぶ
학습(하다), 공부(하다)
10. 汉语	Hànyǔ	Chinese
中国語
한어, 중국어
11. 认识	rènshi	to know, to recognise
知る、認識する
인식하다, 알다
12. 很	hěn	very
たいへん、とても
매우, 아주, 대단히

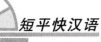

13. 高兴　　　　gāoxìng　　　　happy
　　　　　　　　　　　　　　喜ぶ、嬉しい
　　　　　　　　　　　　　　좋아하다, 기뻐하다, 즐거워하다

Liànxí 练习 / Exercises 練習 / 연습

一、 *Tìhuàn liànxí* 替换 练习 / Substitution drills / 言い換え練習 / 대환 연습

1. A：*Nǐ shì Zhōngguó xuésheng ma?*
　　你 是 中国 学生 吗？

   B：*Wǒ bú shì Zhōngguó xuésheng, wǒ shì* **liúxuéshēng**.
　　我 不 是 中国 学生，我 是 **留学生**。
　　　　　　　　　　　　　　　　　　　　wàiguó xuésheng
　　　　　　　　　　　　　　　　　　　　外国 学生

2. A：*Tā shì* **Zhōngguó rén** *ma?*　　　B：*Tā shì* **Zhōngguó rén**.
　　他 是 **中国 人** 吗？　　　　　　　　他 是 **中国 人**。
　　　　　　wàiguó rén　　　　　　　　　　　　**wàiguó rén**
　　　　　　外国 人　　　　　　　　　　　　　　**外国 人**
　　　　　　Shànghǎi rén　　　　　　　　　　**Shànghǎi rén**
　　　　　　上海 人　　　　　　　　　　　　　**上海 人**
　　　　　　Běijīng rén　　　　　　　　　　　**Běijīng rén**
　　　　　　北京 人　　　　　　　　　　　　　**北京 人**

   A：*Tā yě shì* **Zhōngguó rén** *ma?*　　B：*Tā yě shì* **Zhōngguó rén**.
　　他 也 是 **中国 人** 吗？　　　　　　　他 也 是 **中国 人**。
　　　　　　wàiguó rén　　　　　　　　　　　**wàiguó rén**
　　　　　　外国 人　　　　　　　　　　　　　**外国 人**
　　　　　　Shànghǎi rén　　　　　　　　　　**Shànghǎi rén**
　　　　　　上海 人　　　　　　　　　　　　　**上海 人**
　　　　　　Běijīng rén　　　　　　　　　　　**Běijīng rén**
　　　　　　北京 人　　　　　　　　　　　　　**北京 人**

3. A：Nǐmen xuéxí shénme?
　　你们 学习 什么？
　B：Wǒmen xuéxí Hànyǔ.
　　我们 学习 汉语。
　A：Tāmen yě xuéxí Hànyǔ ma?
　　他们 也 学习 汉语 吗？
　B：Tāmen bù xuéxí Hànyǔ, tāmen xuéxí Yīngyǔ.
　　他们 不 学习 汉语，他们 学习 英语。
　　　　　　　　　　　　　　　　　Rìyǔ
　　　　　　　　　　　　　　　　　日语
　　　　　　　　　　　　　　　　　Hánguóyǔ
　　　　　　　　　　　　　　　　　韩国语

Bǔchōng cíyǔ
补充 词语 / Additional words / 補足単語 / 보충 단어

1. 留学生	liúxuéshēng	overseas student
		留学生
		유학생
2. 外国	wàiguó	foreign country
		外国
		외국
3. 我们	wǒmen	we
		僕/私たち
		우리(들)
4. 你们	nǐmen	you (plural)
		あなたたち
		너희들, 당신들, 자네들
5. 他们	tāmen	they, them (masculine)
		彼たち
		그들, 그(저) 사람들
6. 她们	tāmen	they, them (feminine)
		彼女たち
		그녀들, 그(저) 여자들

7. 英语	Yīngyǔ	English
		英語
		영어
8. 日语	Rìyǔ	Japanese
		日本語
		일본어
9. 韩国语	Hánguóyǔ	Korean
		韓国語
		한국어

Zhuānmíng

专 名 / Proper nouns / 固有名詞 / 고유명사

1. 上海	Shànghǎi	the city of China
		上海
		상해
2. 北京	Běijīng	the capital of China
		北京
		북경

Wánchéng duìhuà

二、完成 对话 / Complete the dialogue / 对話練習 / 완성 대화

       Nǐ shì _____ ma?
1. A：你 是 _____ 吗？

       Wǒ shì _____.
   B：我 是 _____。

       Tā yě shì _____ ma?
   A：他 也 是 _____ 吗？

       Tā yě shì _____.
   B：他 也 是 _____。

       Rènshi nǐ, wǒ hěn gāoxìng.
   A：认识 你，我 很 高兴。

       Rènshi nǐ, wǒ yě hěn _____.
   B：认识 你，我 也 很 _____。

2. A：Tā shì _____ ma?
   他 是 _____ 吗？

   B：Tā bú shì _____.
   他 不 是 _____ 。

   A：Tā ne?
   她 呢？

   B：Tā yě bú shì _____.
   她 也 不 是 _____ 。

3. A：Xiànzài, nǐmen xuéxí shénme?
   现在，你们 学习 什么？

   B：Xiànzài, wǒmen xuéxí _____.
   现在，我们 学习 _____ 。

   A：Nǐmen yě xuéxí _____ ma?
   你们 也 学习 _____ 吗？

   B：Wǒmen bù _____.
   我们 不 _____ 。

三、快速 朗读 / Read out fast / 速読練習 / 빨리 읽기
Kuàisù lǎngdú

1. Nǐ shì nǎ guó rén? Wǒ shì Zhōngguó rén.
   你是 哪 国 人？我 是 中国 人。
   Nǐ shì lǎoshī ma? Wǒ bú shì lǎoshī.
   你 是 老师 吗？我 不 是 老师。
   Nǐ shì xuésheng ma? Wǒ yě shì xuésheng.
   你 是 学生 吗？我 也 是 学生。

2. Nǐ xuéxí shénme? Wǒ xuéxí Hànyǔ, yě xuéxí Yīngyǔ.
   你 学习 什么？我 学习 汉语，也 学习 英语。
   Tā xuéxí shénme? Tā xuéxí Hànyǔ, bù xuéxí Yīngyǔ.
   他 学习 什么？他 学习 汉语，不 学习 英语。

初级口语（1）

Shuō yi shuō
四、说一说 / Speak / 言ってみましょう / 말해보기

Wǒ shì _____, xiànzài wǒ xuéxí _____.
我 是 _____，现在 我 学习 _____。

Tāmen yě shì _____, tāmen yě xuéxí _____.
他们 也 是 _____，他们 也 学习 _____。

Bǔchōng liànxí
补充 练习 / Additional exercises
補足練習 / 보충연습

Lǎngdú
一、朗读 / Read aloud / 朗読 / 읽기

　　bù → bú shì → bú shì lǎoshī → Wǒ bú shì lǎoshī.
1. 不 → 不是 → 不是 老师 → 我 不是 老师。

　　yě → yě shì → yě shì liúxuéshēng → Tāmen yě shì liúxuéshēng.
2. 也 → 也是 → 也是 留学生 → 他们 也是 留学生。

　　hěn → hěn gāoxìng → wǒ hěn gāoxìng → Wǒ yě hěn gāoxìng.
3. 很 → 很 高兴 → 我 很 高兴 → 我 也 很 高兴。

Yòng kuòhào lǐ de cíyǔ, bǎ jùzi gǎichéng wènjù
二、用 括号 里的 词语，把 句子 改成 问句 /
Change the sentences into interrogative sentences using the words in the brackets /
括弧内の単語を使って疑問文に変えなさい /
괄호 안의 단어를 사용하여, 문장을 바꿔 쓰시오

　　Tā shì xuésheng. (ma) → Tā shì _____?
1. 他 是 学生。（吗）→ 他 是 _____？

14

Tā xuéxí Hànyǔ. (shénme) → Tā xuéxí _____?

2. 他 学习 汉语。(什么) → 他 学习 _____？

Zǔ jù
三、组句 / Combine the following words into sentences /
以下の語を正しい順序にして文を作りなさい /
단어를 재배열하여 문장을 완성하시오

	ma	tā	xuésheng	shì
1.	吗	他	学生	是

	shénme	xiànzài	nǐ	xuéxí
2.	什么	现在	你	学习

	bù	xuéxí	Yīngyǔ	wǒ
3.	不	学习	英语	我

	yě	tā	gāoxìng	hěn
4.	也	他	高兴	很

Dì-èr kè   Shùzì yǔ shùliàng

第二课　数字与　数量

Lesson 2   Figure and Amount

第二課　　数字と数量

제 2 과　　숫자 와 수량

Kèwén

课文 1 / Text 1

本文 1 / 본문 1

　　　　Nǐ hǎo ma?
A：你 好 吗？

　　　　Wǒ hěn hǎo. Nǐ ne?
B：我 很 好。你 呢？

　　　　Wǒ yě hěn hǎo.　　…Jīntiān, nǐmen xuéxí shénme?
A：我 也 很 好。……今天，你们 学习　什么？

　　　　Jīntiān, wǒmen xuéxí shùzì: yī、 èr、sān、 sì、wǔ、liù、qī、bā、
B：今天，我们　学习 数字：一、二、三、四、五、六、七、八、
　　　　jiǔ、 shí.
　　九、十。

　　　　Tā shì shéi?
A：他 是 谁？

　　　　Tā shì wǒ de péngyou.
B：他 是 我 的　朋友。

　　　　Nǐ yǒu jǐ ge péngyou?
A：你 有 几 个　朋友？

　　　　Wǒ yǒu liǎng ge péngyou.
B：我 有 两 个　朋友。

　　　　Nǐ jiā yǒu jǐ ge rén?
A：你 家 有 几 个 人？

　　　　Wǒ jiā yǒu sān ge rén: bàba、māma hé wǒ.
B：我家 有　三 个 人：爸爸、妈妈 和 我。

cíyǔ
词语 / words / 語句 / 단어

1. 今天	jīntiān	today 今日 오늘	
2. 数字	shùzì	figure, number 數字 숫자, 수량	
3. 一	yī	one 一 일, 하나	
二	èr	two 二 이, 둘	
三	sān	three 三 삼, 셋	
四	sì	four 四 사, 넷	
五	wǔ	five 五 오, 다섯	
六	liù	six 六 육, 여섯	
七	qī	seven 七 칠, 일곱	
八	bā	eight 八 팔, 여덟	

短平快汉语

初级口语 (1)

九	jiǔ	nine 九 구, 아홉
十	shí	ten 十 십, 열
4. 谁	shéi	who 誰 누구
5. 的	de	of 〜の '소유·소속·분리·행위자·작자' 등을 나타내는 「…의, …에 관한, …중에서, …으로부터」 등의 뜻으로 쓰이는 전치사 전용의 중요한 기능어이다.
6. 朋友	péngyou	friend 友達 친구, 벗
7. 有	yǒu	to have, there be 有る 가지고 있다, 소유하다
8. 几	jǐ	how many, how much いくつ・いくら 몇 (주로 10 이하의 확실치 않은 수에 대해 물을 때 쓰인다.)
9. 个	gè	the most widely used measure word, usually used before a noun having no particular classifier 量詞, 個 (양) 개, 명, 사람 (목적어를 수반하는 동사 뒤에 쓰여 동량사와 비슷한 작용을 함)
10. 两	liǎng	two 二 이, 둘

11. 家	jiā	family 家族 가정, 집
12. 爸爸	bàba	father 父 아빠
13. 妈妈	māma	mother 母 엄마
14. 和	hé	and 〜と 와, 과

练习 / Exercises
練習 / 연습

Tìhuàn liànxí
一、替换 练习 / Substitution drills / 言い換え練習 / 대환 연습

1. A: Tā shì shéi?
   他 是 谁？

   B: Tā shì wǒ de lǎoshī.
   他 是 我 的 老师。

   tóngxué
   同学

2. A: Nǐ yǒu gēge ma?
   你 有 哥哥 吗？

   dìdi
   弟弟
   jiějie
   姐姐
   mèimei
   妹妹

   B: Wǒ yǒu yí ge gēge.
   我 有 一个 哥哥。

   liǎng ge dìdi
   两 个 弟弟
   sān ge jiějie
   三 个 姐姐
   sì ge mèimei
   四 个 妹妹

初级口语（1）

3. A：你家有几个人？ B：我家有五个人。
　　Nǐ jiā yǒu jǐ ge rén?　　Wǒ jiā yǒu wǔ ge rén.

　　六个人　liù ge rén
　　七个人　qī ge rén

4. A：你忙吗？ B：我很忙。你呢？
　　Nǐ máng ma?　　Wǒ hěn máng. Nǐ ne?
　　累 lèi　　　　　累 lèi

A：我也很忙。
　　Wǒ yě hěn máng.
　　累 lèi

补充 词语 / Additional words / 補足単語 / 보충 단어

1. 同学	tóngxué	classmate 同級生 동창, 학우, 동급생
2. 哥哥	gēge	elder brother 兄 형, 오빠
3. 弟弟	dìdi	younger brother 弟 남동생
4. 姐姐	jiějie	elder sister 姉 언니, 누나
5. 妹妹	mèimei	younger brother 妹 여동생

6. 忙　　　　　máng　　　　　busy
　　　　　　　　　　　　　忙しい
　　　　　　　　　　　　　바쁘다

7. 累　　　　　lèi　　　　　　tired
　　　　　　　　　　　　　疲れる
　　　　　　　　　　　　　지치다, 피로하다, 피곤하다

二、完成 对话 / Complete the dialogue / 对話練習 / 완성 대화
Wánchéng duìhuà

1. A：你好 吗？
   Nǐ hǎo ma?

   B：我 很 好。你呢？
   Wǒ hěn hǎo. Nǐ ne?

   A：我 也_____。
   Wǒ yě_____.

2. A：他 是 谁？
   Tā shì shéi?

   B：他 是 我 的_____。
   Tā shì wǒ de_____.

   A：你 有 几 个_____？
   Nǐ yǒu jǐ ge_____?

   B：我 有_____。
   Wǒ yǒu_____.

3. A：你 家 有 几 个 人？
   Nǐ jiā yǒu jǐ ge rén?

   B：我 家 有____个 人：_____和_____。
   Wǒ jiā yǒu____ge rén:_____hé_____.

三、快速 朗读 / Read out fast / 速読練習 / 빨리 읽기
Kuàisù lǎngdú

1. 我 有 哥哥，也 有 弟弟。几 个 哥哥？一 个 哥哥。
   Wǒ yǒu gēge, yě yǒu dìdi. Jǐ ge gēge? Yí ge gēge.

初级口语（1）

几 个 弟弟？ 两 个 弟弟。 他 有 姐姐，也 有 妹妹。
Jǐ ge dìdi? Liǎng ge dìdi. Tā yǒu jiějie, yě yǒu mèimei.

几 个 姐姐？ 三 个 姐姐。 几 个 妹妹？ 四 个 妹妹。
Jǐ ge jiějie? Sān ge jiějie. Jǐ ge mèimei? Sì ge mèimei.

2. 今天 学 什么？ 今天 学 数字。
Jīntiān xué shénme? Jīntiān xué shùzì.

一 二 三 四 五，六 七 八 九 十。
Yī èr sān sì wǔ, liù qī bā jiǔ shí.

你 家 几 个 人？ 我 家 三 个 人。
Nǐ jiā jǐ ge rén? Wǒ jiā sān ge rén.

Shuō yi shuō
四、说 一 说 / Speak / 言ってみましょう / 말해보기

Wǒ shì＿＿＿＿＿xuésheng. Jīntiān, wǒmen xuéxí＿＿＿＿＿.
我 是＿＿＿＿＿学生。 今天，我们 学习＿＿＿＿＿。

Wǒ jiā yǒu＿＿＿＿＿rén:＿＿＿＿＿、＿＿＿＿＿hé＿＿＿＿＿.
我 家 有＿＿＿＿＿人：＿＿＿＿＿、＿＿＿＿＿和＿＿＿＿＿。

Xiànzài, wǒ yǒu＿＿＿＿＿ge péngyou.
现在，我 有＿＿＿＿＿个 朋友。

Bǔchōng liànxí
补充 练习 / Additional exercises

補足練習 / 보충연습

Lǎngdú
一、朗读 / Read aloud / 朗読 / 읽기

yǒu → yǒu péngyou → wǒ yǒu péngyou → wǒ yǒu Zhōngguó péngyou → Wǒ yǒu
1. 有 → 有 朋友 → 我 有 朋友 → 我 有 中国 朋友 → 我 有

yí ge Zhōngguó péngyou.
一 个 中国 朋友。

22

jǐ → jǐ ge → jǐ ge lǎoshī → Nǐmen yǒu jǐ ge lǎoshī?
2. 几 → 几个 → 几个老师 → 你们 有 几 个 老师？

de → wǒ de → wǒ de péngyou → Tā shì wǒ de péngyou.
3. 的 → 我 的 → 我 的 朋友 → 他 是 我 的 朋友。

Yòng kuòhào lǐ de cíyǔ, bǎ jùzi gǎichéng wènjù
二、用 括号 里的 词语，把 句子 改成 问句 /
Change the sentences into interrogative sentences using the words in the brackets /
括弧内の単語を使って疑問文に変えなさい /
괄호 안의 단어를 사용하여, 문장을 바꿔 쓰시오

Tā yǒu sān ge péngyou. (jǐ) → Tā yǒu_____?
1. 他 有 三 个 朋友。(几) → 他 有_____？

Tā shì wǒ de péngyou. (shéi) → Tā shì_____?
2. 他 是 我 的 朋友。（谁）→ 他 是_____？

Zǔ jù
三、组句 / Combine the following words into sentences /
以下の語を正しい順序にして文を作りなさい /
단어를 재배열하여 문장을 완성하시오

jǐ   nǐ   péngyou   ge   yǒu
1. 几   你   朋友   个   有

jiā   rén   nǐ   yǒu   ge   jǐ
2. 家   人   你   有   个   几

shì   tā   de   wǒ   péngyou
3. 是   他   的   我   朋友

短平快汉语

初级口语（1）

Kèwén
课文 2 / Text 2
本文 2 / 본문 2

A: Qǐngwèn, nǐ shì bu shì liúxuéshēng?
请问，你是不是留学生？

B: Wǒ shì liúxuéshēng, wǒ lái Zhōngguó xuéxí Hànyǔ.
我是留学生，我来中国学习汉语。

A: Nǐmen bān yǒu duōshao ge xuésheng?
你们班有多少个学生？

B: Wǒmen bān yǒu shí'èr ge xuésheng.
我们班有十二个学生。

A: Zhè shì nǐ de shū ma?
这是你的书吗？

B: Zhè shì wǒ de shū.
这是我的书。

A: Nǐ yǒu duōshao běn Hànyǔ shū?
你有多少本汉语书？

B: Wǒ yǒu èrshí běn Hànyǔ shū.
我有二十本汉语书。

A: Nǐ yǒu méiyǒu Yīngyǔ cídiǎn?
你有没有英语词典？

B: Wǒ méiyǒu Yīngyǔ cídiǎn.
我没有英语词典。

Cíyǔ
词语 / Words / 語句 / 단어

1. 请　　　　qǐng　　　　please
　　1 頼む・お願いする　2 どうぞ〜してください
　　상대방에게 어떤 일을 부탁하 거나 권할 때 쓰는 경어

24

2.	问	wèn	to ask 質問する 묻다, 질문하다
	请问	qǐngwèn	Excuse me. お尋ねします 잠깐 여쭙겠습니다, 말 좀 물어보겠습니다.
3.	留学生	liúxuéshēng	overseas student 留学生 유학생
4.	来	lái	to come 来る 오다
5.	班	bān	class クラス 반
6.	多少	duōshao	how many, how much いくら・どれほど 얼마, 몇개
7.	这	zhè	this この 이것, 이, 저
8.	书	shū	book 本 책
9.	本	běn	a measure word for books. 量詞、冊 (책을 세는 단위)권
10.	没有	méiyǒu	not to have, there are not, have not or did not 持っていない・ない 없다
11.	英语	Yīngyǔ	English 英語 영어
12.	词典	cídiǎn	dictionary 辞典 사전

初级口语（1）

Liànxí
练习 / Exercises
練習 / 연습

 一、 Tìhuàn liànxí
替换 练习 / Substitution drills / 言い換え練習 / 대환 연습

1. A: Nǐ shì bu shì Zhōngguó xuéshēng?
　 你 是 不 是 中国 学生？
　　　　　　 wàiguó xuéshēng
　　　　　　 外国 学生

　 B: Wǒ shì Zhōngguó xuéshēng.
　 我 是 中国 学生。
　　　　 Wàiguó xuéshēng
　　　　 外国 学生

　 A: Nǐmen bān yǒu duōshao ge xuéshēng?
　 你们 班 有 多少 个 学生？

　 B: Wǒmen bān yǒu shíyī ge xuéshēng.
　 我们 班 有 十一 个 学生。
　　　　　　　 shísān
　　　　　　　 十三
　　　　　　　 shísì
　　　　　　　 十四

2. A: Zhè shì nǐ de bǐ ma?　　　B: Zhè shì wǒ de bǐ.
　 这 是 你 的 笔 吗？　　　 这 是 我 的 笔。
　　　　　　 qiānbǐ　　　　　　　　　 qiānbǐ
　　　　　　 铅笔　　　　　　　　　　 铅笔

　 A: Nǐ yǒu méiyǒu yuánzhūbǐ?　 B: Wǒ yǒu yì zhī yuánzhūbǐ.
　 你 有 没有 圆珠笔？　　　 我 有 一 支 圆珠笔。
　　　　 máobǐ　　　　　　 méiyǒu　　　 máobǐ
　　　　 毛笔　　　　　　　 没有　　　　 毛笔

26

3. A：<ruby>现在<rt>Xiànzài</rt></ruby>，<ruby>你<rt>nǐ</rt></ruby> <ruby>认识<rt>rènshi</rt></ruby> <ruby>多少<rt>duōshao</rt></ruby> <ruby>个<rt>ge</rt></ruby> <ruby>汉字<rt>Hànzì</rt></ruby>？

   B：<ruby>现在<rt>Xiànzài</rt></ruby>，<ruby>我<rt>wǒ</rt></ruby> <ruby>认识<rt>rènshi</rt></ruby> <ruby>五十七<rt>wǔshí qī</rt></ruby> <ruby>个<rt>ge</rt></ruby> <ruby>汉字<rt>Hànzì</rt></ruby>。

   <ruby>六十八<rt>Liùshíbā</rt></ruby>

   <ruby>一百<rt>yìbǎi</rt></ruby>

4. A：<ruby>今年<rt>Jīnnián</rt></ruby>，<ruby>你<rt>nǐ</rt></ruby> <ruby>多少<rt>duōshao</rt></ruby> <ruby>岁<rt>suì</rt></ruby>？
   B：<ruby>今年<rt>Jīnnián</rt></ruby>，<ruby>我<rt>wǒ</rt></ruby> <ruby>十九<rt>shíjiǔ</rt></ruby> <ruby>岁<rt>suì</rt></ruby>。

   <ruby>二十<rt>èrshí</rt></ruby>

   <ruby>二十二<rt>èrshí'èr</rt></ruby>

Bǔchōng cíyǔ

补充 词语 / Additional words / 補足単語 / 보충 단어

1. 笔	bǐ	pen 鉛筆・ペンなどの総称 붓, 필기구
2. 铅笔	qiānbǐ	pencil 鉛筆 연필
3. 圆珠笔	yuánzhūbǐ	ball pen ボールペン 볼펜
4. 毛笔	máobǐ	brush 筆 붓
5. 支	zhī	a measure word for pen 量詞，本 (가늘고 긴 물건을 세는 단위) 개

6. 汉字	hànzì	Chinese character 漢字 한자
7. 一百	yìbǎi	one hundred 百 백
8. 今年	jīnnián	this year 今年 금년, 올 해
9. 岁	suì	year (of age) 歲 살, 세

二、完成 对话 / Complete the dialogue / 対話練習 / 완성 대화
Wánchéng duìhuà

1. A: Nǐ shì bu shì liúxuéshēng?
   你 是 不 是 留学生？

   B: Wǒ shì_____.
   我 是_____。

   A: Nǐ lái Zhōngguó xuéxí shénme?
   你 来 中国 学习 什么？

   B: Wǒ lái Zhōngguó_____.
   我 来 中国_____。

   A: Nǐmen bān yǒu duōshao ge xuésheng?
   你们 班 有 多少 个 学生？

   B: Wǒmen bān yǒu_____.
   我们 班 有_____。

2. A: Zhè shì nǐ de_____ma?
   这 是 你 的_____吗？

   B: Zhè shì wǒ de_____.
   这 是 我 的_____。

   A: Nǐ yǒu duōshao_____?
   你 有 多少_____？

```
         Wǒ yǒu_____.
B：我 有_____。
         Nǐ yǒu méiyǒu_____?
A：你 有 没有_____？
         Wǒ méiyǒu_____.
B：我 没有_____。
```

三、快速 朗读 / Read out fast / 速読練習 / 빨리 읽기
Kuàisù lǎngdú

1. Wǒ shì wàiguó liúxuéshēng, wǒ lái Zhōngguó xué Hànyǔ.
   我 是 外国 留学生，我 来 中国 学 汉语。

   Nǐmen bān yǒu duōshao rén? Wǒmen bān yǒu shí ge rén.
   你们 班 有 多少 人？我们 班 有 十 个 人。

2. Zhè shì shéi de shū? Zhè shì wǒ de shū.
   这是 谁 的 书？这是 我 的 书。

   Zhè shì shénme shū? Zhè shì Hànyǔ shū.
   这是 什么 书？这 是 汉语 书。

   Nǐ yǒu duōshao běn? Wǒ yǒu shí jǐ běn.
   你有 多少 本？我 有 十几 本。

四、说 一 说 / Speak / 言ってみましょう / 말해보기
Shuō yi shuō

```
  Wǒ shì_____, wǒ lái Zhōngguó xuéxí_____.
  我 是_____，我来 中国 学习_____。
  Wǒmen bān yǒu_____ge xuésheng. Zhè shì wǒ de_____shū.
  我们 班 有_____个 学生。这是 我 的_____书。
  Xiànzài, wǒ rènshi_____ge Hànzì.
  现在，我 认识_____个 汉字。
```

初级口语（1）

Bǔchōng liànxí
补充 练习 / Additional exercises
補足練習 / 보충연습

一、 Lǎngdú
朗读 / Read aloud / 朗読 / 읽기

1. duōshao → duōshao běn → duōshao běn shū → yǒu duōshao běn shū → Nǐ yǒu duōshao běn shū?
   多少 → 多少 本 → 多少 本 书 → 有 多少 本 书 → 你 有 多少 本 书?

2. shì → bú shì → shì bu shì → shì bu shì lǎoshī → Tā shì bu shì lǎoshī?
   是 → 不 是 → 是 不 是 → 是 不 是 老师 → 他 是 不 是 老师?

3. Yǒu → méiyǒu → yǒu méiyǒu → yǒu méiyǒu cídiǎn → Nǐ yǒu méiyǒu cídiǎn?
   有 → 没有 → 有 没有 → 有 没有 词典 → 你 有 没有 词典?

二、 Yòng kuòhào lǐ de cíyǔ, bǎ jùzi gǎichéng wènjù
用 括号 里 的 词语，把 句子 改成 问句 /
Change the sentences into interrogative sentences using the word in the brackets /
括弧内の単語を使って疑問文に変えなさい /
괄호 안의 단어를 사용하여, 문장을 바꿔 쓰시오

1. Wǒ shì liúxuéshēng. (shì bu shì) → Nǐ_____?
   我 是 留学生。(是不是) → 你_____?

2. Tā yǒu Hànyǔ shū. (yǒu méiyǒu) → Tā_____?
   他 有 汉语 书。(有没有) → 他_____?

3. Wǒ yǒu liǎng běn Hànyǔ cídiǎn. (duōshao) → Nǐ_____?
   我 有 两 本 汉语 词典。(多少) → 你_____?

30

Zǔ jù
三、组句 / Combine the following words into sentences /
以下の語を正しい順序にして文を作りなさい /
단어를 재배열하여 문장을 완성하시오

	xuéxí	Zhōngguó	lái	wǒ	Hànyǔ
1.	学习	中国	来	我	汉语

	nǐ	duōshao	cídiǎn	běn	yǒu
2.	你	多少	词典	本	有

	méiyǒu	tā	péngyou	Zhōngguó
3.	没有	他	朋友	中国

	shì	nǐ	bu	liúxuéshēng	shì
4.	是	你	不	留学生	是

	cídiǎn	yǒu	nǐ	méiyǒu	Hànyǔ
5.	词典	有	你	没有	汉语

Dì-sān kè   Rìqī yǔ shíjiān
第三课   日期 与 时间
Lesson 3   Date and Time
第三課   日付と時間

제 3 과   날짜 와 시간

Kèwén
课文 1 / Text 1
本文 1 / 본문 1

Jīntiān shì jǐ yuè jǐ hào?
A：今天 是 几月几号？
Jīntiān shì bā yuè sì hào.
B：今天 是 八月四号。
Jīntiān shì xīngqī jǐ?
A：今天 是 星期几？
Jīntiān shì xīngqīsān.
B：今天 是 星期三
Yí ge xīngqī yǒu jǐ tiān?
A：一个星期 有几天？
Yí ge xīngqī yǒu qī tiān.
B：一个星期 有七天。
Xiànzài jǐ diǎn?
A：现在 几点？
Xiànzài jiǔ diǎn shífēn.
B：现在 九点 十分。
Měitiān nǐ xuéxí duōshao ge xiǎoshí?
A：每天你学习 多少 个 小时？
Měitiān wǒ xuéxí liǎng ge xiǎoshí.
B：每天 我学习 两 个 小时。

词语 / words / 語句 / 단어

1. 月	yuè	month 月 월, 달(시간의 단위)
2. 号(日)	hào (rì)	date 日 날짜(일)
3. 星期	xīngqī	week 週 요일
4. 天	tiān	day 一日 하루, 날, 일
5. 点(点钟)	diǎn (diǎnzhōng)	o'clock ～時 시
6. 分(分钟)	fēn (fēnzhōng)	minute 分・～分 분
7. 每	měi	every 每 (대) 매, 모든, 각각의
每天	měitiān	every day 每日 (부) 매일
8. 小时	xiǎoshí	hour 時間 시, 시간

练习 / Exercises
Liànxí
練習 / 연습

 一、替换 练习 / Substitution drills 言い換え練習 / 대환 연습
Tìhuàn liànxí

1. A: Jīntiān shì jǐ yuè jǐ hào?
   今天 是 几 月 几 号？

   zuótiān
   昨天
   míngtiān
   明天

   B: Jīntiān shì shí yuè sān hào.
   今天 是 十 月 三 号。

   Zuótiān shì shí yuè èr hào.
   昨天 是 十 月 二 号。
   Míngtiān shì shí yuè sì hào.
   明天 是 十 月 四 号。

2. A: Jīntiān shì xīngqī jǐ?
   今天 是 星期 几？

   qiántiān
   前天
   hòutiān
   后天

   B: Jīntiān shì xīngqīwǔ.
   今天 是 星期五。

   Qiántiān shì xīngqīsān.
   前天 是 星期三。
   Hòutiān shì xīngqītiān (xīngqīrì).
   后天 是 星期天（星期日）。

3. A: Xiànzài jǐ diǎn?
   现在 几 点？

   B: Xiànzài jiǔ diǎn líng wǔ fēn.
   现在 九 点 零 五 分。

   jiǔ diǎn yí kè
   九 点 一 刻
   jiǔ diǎn bàn
   九 点 半
   jiǔ diǎn sān kè
   九 点 三 刻

Měitiān nǐ xuéxí duōshao ge xiǎoshí?
4. A：每天 你 学习 多少 个 小时？
  gōngzuò
  工作

  Měitiān wǒ xuéxí liù ge bàn xiǎoshí.
 B：每天 我 学习 六 个 半 小时。
  gōngzuò bā ge bàn xiǎoshí
  工作 八 个 半 小时

Bǔchōng cíyǔ
补充 词语 / Additional words / 補足単語 / 보충 단어

1. 昨天	zuótiān	yesterday 昨日 어제
2. 明天	míngtiān	tomorrow 明日 내일
3. 前天	qiántiān	the day before yesterday 一昨日 그저께
4. 后天	hòutiān	the day after tomorrow 明後日 모레
5. 星期天(星期日)	xīngqītiān (xīngqīrì)	Sunday 日曜日 일요일
6. 零	líng	zero ゼロ (아라비아숫자의) 영, 0
7. 刻	kè	quarter 十五分間·十五分 시간, 시각

短平快汉语

初级口语（1）

8. 半　　　　　　　　bàn　　　　　　　half
　　　　　　　　　　　　　　　　　　　半/分、2分の1
　　　　　　　　　　　　　　　　　　　2분의 1, 반, 절반

9. 工作　　　　　　　gōngzuò　　　　　work, job
　　　　　　　　　　　　　　　　　　　仕事
　　　　　　　　　　　　　　　　　　　일, 직업

Wánchéng duìhuà
二、完成　对话 / Complete the dialogue / 对話練習 / 완성 대화

　　　　　　　_____shì jǐ yuè jǐ hào?
1. A：_____是 几 月 几 号？

　　　　　　　_____shì_____.
　　B：_____是_____。

　　　　　　　_____shì xīngqī jǐ?
　　A：_____是 星期 几？

　　　　　　　_____shì xīngqī_____.
　　B：_____是 星期_____。

　　　　　　　Yí ge xīngqī yǒu jǐ tiān?
　　A：一个 星期 有 几 天？

　　　　　　　Yí ge xīngqī yǒu_____.
　　B：一个 星期 有_____。

　　　　　　　Xiànzài jǐ diǎn?
2. A：现在 几 点？

　　　　　　　Xiànzài_____.
　　B：现在_____。

　　　　　　　Měitiān nǐ xuéxí duōshao ge xiǎoshí?
　　A：每天 你 学习 多少 个 小时？

　　　　　　　Měitiān wǒ xuéxí _____xiǎoshí.
　　B：每天 我 学习_____小时。

Kuàisù lǎngdú
三、快速 朗读 / Read out fast / 速読練習 / 빨리 읽기

1. Yí ge xīngqī yǒu duōshao tiān? Yí ge xīngqī yǒu qī tiān. Jīntiān jǐ hào, xīngqī jǐ? Jīntiān liù hào xīngqīsān.
   一个星期有多少天？一个星期有七天。今天几号，星期几？今天六号星期三。

2. Xiànzài jǐ diǎn líng jǐ fēn? Xiànzài shí diǎn líng liù fēn. Měitiān xuéxí jǐ ge xiǎoshí? Měitiān xuéxí sān ge xiǎoshí.
   现在几点零几分？现在十点零六分。每天学习几个小时？每天学习三个小时。

Shuō yi shuō
四、说一说 / speak / 言ってみましょう / 말해 보기

Wǒ lái Zhōngguó xuéxí _____.
我来中国学习_____。

Jīntiān shì _____ yuè _____ hào, xīngqī _____.
今天是_____月_____号，星期_____。

Jīntiān, wǒmen xuéxí _____. Měitiān, wǒ xuéxí _____ xiǎoshí.
今天，我们学习_____。每天，我学习_____小时。

Bǔchōng liànxí
补充 练习 / Additional exercises
補足練習 / 보충연습

lǎngdú
一、朗读 / Read aloud / 朗読 / 읽기

1. duōshao → duōshao xiǎoshí → xuéxí duōshao ge xiǎoshí → Nǐ xuéxí duōshao ge xiǎoshí?
   多少 → 多少小时 → 学习多少个小时 → 你学习多少个小时？

短平快汉语

初级口语（1）

xiǎoshí → sān ge xiǎoshí → xuéxí sān ge xiǎoshí → Wǒ xuéxí sān ge xiǎoshí.
2. 小时 → 三个 小时 → 学习 三个 小时 → 我 学习 三 个 小时。

二、Yòng kuòhào lǐ de cíyǔ, bǎ jùzi gǎichéng wènjù
用 括号 里 的 词语，把 句子 改成 问句 /
Change the sentences into interrogative sentences using the words in the brackets /
括弧内の単語を使って疑問文に変えなさい /
괄호 안의 단어를 사용하여, 문장을 바꿔 쓰시오

Jīntiān shì qī yuè sān hào. (jǐ) → Jīntiān shì_____?
1. 今天 是 七月 三 号。(几) → 今天 是_____?

Xiànzài jiǔ diǎn. (jǐ) → Xiànzài_____?
2. 现在 九点。(几) → 现在_____?

三、Zǔ jù
组句 / Combine the following words into sentences /
以下の語を正しい順序にして文を作りなさい /
단어를 재배열하여 문장을 완성하시오

    yí ge   qī tiān   xīngqī   yǒu
1. 一个   七天   星期   有

    měitiān   xuéxí   nǐ   xiǎoshí   duōshao   ge
2. 每天   学习   你   小时   多少   个

    xuéxí   wǒ   sì ge   xiǎoshí   měitiān
3. 学习   我   四个   小时   每天

Kèwén
课文 2 / Text 2
本文 2 / 본문 2

A: Zǎoshang nǐ jǐ diǎn qǐ chuáng?
早上 你几点起床？

B: Zǎoshang wǒ qī diǎn qǐ chuáng.
早上 我七点起床。

A: Shàngwǔ nǐmen jǐ diǎn shàng kè? Jǐ diǎn xià kè?
上午 你们几点 上 课？几点下课？

B: Shàngwǔ wǒmen bā diǎn sìshí fēn shàng kè, shíyī diǎn wǔshí fēn xià kè.
上午 我们八点 四十分 上 课，十一点 五十分 下课。

A: Zhōngwǔ nǐ jǐ diǎn chī fàn?
中午 你几点吃饭？

B: Zhōngwǔ wǒ shí'èr diǎn chī fàn.
中午 我十二点吃饭。

A: Xiàwǔ nǐmen shàng kè ma?
下午你们 上 课吗？

B: Xiàwǔ wǒmen bú shàng kè.
下午我们 不 上 课。

A: Wǎnshang nǐ jǐ diǎn shuì jiào?
晚上 你几点 睡觉？

B: Wǎnshang wǒ shí diǎn shuì jiào.
晚上 我十点 睡觉。

短平快汉语

初级口语（1）

Cíyǔ
词语 / words / 語句 / 단어

1. 早上	zǎoshang	(early) morning
		朝
		아침
2. 起床	qǐ chuáng	get up
		起きる・起床
		일어나다, 기상하다
3. 上午	shàngwǔ	morning
		午前
		오전
4. 上课	shàng kè	to have class
		授業に出る・授業が始まる
		수업하다
5. 下课	xià kè	to finish class
		授業が終わる
		수업이 끝나다, 수업을 마치다
6. 中午	zhōngwǔ	at noon
		正午・昼ごろ
		점심때, 정오
7. 吃	chī	to eat
		食べる
		먹다
8. 饭	fàn	meal
		ご飯・食事
		밥
吃饭	chī fàn	to have dinner, to have a meal
		食事をする
		밥을 먹다
9. 下午	xiàwǔ	afternoon
		午後
		오후

40

10. 晚上	wǎnshang	evening 夜 저녁
11. 睡觉	shuì jiào	to sleep 寝る 자다

Liànxí
练习 / Exercises
練習 / 연습

Tìhuàn liànxí
一、替换练习 / Substitution drills / 言い換え練習 / 대환 연습

1. A：Měitiān nǐ jǐ diǎn chī zǎofàn?
   每天 你几 点 吃 早饭？

   zhōngfàn
   中饭

   wǎnfàn
   晚饭

   B：Měitiān wǒ qī diǎn chī zǎofàn.
   每天 我 七点 吃 早饭。

   shí'èr diǎn chī zhōngfàn
   十二 点 吃 中饭

   liù diǎn chī wǎnfàn
   六 点 吃 晚饭

2. A：每天 早上 你几点 去 学校?
   Měitiān zǎoshang nǐ jǐ diǎn qù xuéxiào?

shàngwǔ 上午	qù jiàoshì 去教室
zhōngwǔ 中午	huí sùshè 回宿舍
wǎnshang 晚上	huí jiā 回家

B：每天 早上 我八点 一刻 去 学校。
   Měitiān zǎoshang wǒ bā diǎn yí kè qù xuéxiào.

   shàngwǔ wǒ bā diǎn bàn qù jiàoshì
   上午 我八点半去教室
   zhōngwǔ wǒ shí'èr diǎn huí sùshè
   中午 我十二点回宿舍
   wǎnshang wǒ liù diǎn huí jiā
   晚上 我六点回家

补充 词语 / Additional words / 補足単語 / 보충 단어

1. 早饭	zǎofàn	breakfast 朝食 조반, 아침밥, 아침식사
2. 中饭	zhōngfàn	lunch 昼食 중식, 점심
3. 晚饭	wǎnfàn	supper, dinner 夕食 저녁밥(식사)
4. 去	qù	to go 行く 동사 뒤에 쓰여, 동작이 화자가 있는 장소에서 다른 장소로 이전됨을 나타냄.

5. 学校	xuéxiào	school
		学校
		학교
6. 教室	jiàoshì	classroom
		教室
		교실
7. 回	huí	to go back, to return
		帰る・戻る
		(원래의 곳으로)돌아오다, 돌아가다
8. 宿舍	sùshè	dormitory
		寮
		기숙사

Wánchéng duìhuà

二、完成 对话 / Complete the dialogue / 対話練習 / 완성 대화

Zǎoshang nǐ jǐ diǎn_____?

1. A：早上 你几点_____？

Zǎoshang wǒ_____.

B：早上 我_____。

Shàngwǔ nǐmen jǐ diǎn shàng kè? Jǐ diǎn xià kè?

A：上午 你们几点 上 课？几点 下课？

Shàngwǔ wǒmen_____shàng kè,_____xià kè.

B：上午 我们_____上 课，_____下 课。

Zhōngwǔ nǐ jǐ diǎn chī_____?

2. A：中午 你几点 吃_____？

Zhōngwǔ wǒ_____.

B：中午 我_____。

Xiàwǔ nǐmen shàng kè ma?

A：下午你们 上 课吗？

Xiàwǔ wǒmen_____.

B：下午 我们_____。

Wǎnshang nǐ jǐ diǎn shuì jiào?

A：晚上 你几点 睡 觉？

Wǎnshang wǒ_____shuì jiào.

B：晚上 我_____睡 觉。

短平快汉语
初级口语（1）

三、快速 朗读 / Read out fast / 速読練習 / 빨리 읽기
Kuàisù lǎngdú

zǎoshang qī diǎn wǒ qǐ chuáng, shàngwǔ bā diǎn wǒ xuéxí, xiàwǔ sì diǎn
早上 七 点 我 起 床， 上午 八 点 我 学习，下午 四 点
wǒ huí jiā, wǎnshang shí diǎn wǒ shuì jiào.
我 回 家， 晚上 十 点 我 睡 觉。

四、说 一 说 / Speak / 言ってみましょう / 말해보기
Shuō yi shuō

Měitiān zǎoshang wǒ_____ diǎn_____ ;
每天 早上 我_____ 点_____ ;

shàngwǔ wǒ_____ diǎn_____ ;
上午 我_____ 点_____ ;

zhōngwǔ wǒ_____ diǎn_____ ;
中午 我_____ 点_____ ;

xiàwǔ wǒ_____ ;
下午 我_____ ;

wǎnshang wǒ_____ diǎn_____ .
晚上 我_____ 点_____ 。

Bǔchōng liànxí
补充 练习 / Additional exercises
補足練習 / 보충연습

一、朗读 / Read aloud / 朗読 / 읽기

1. qǐ chuáng → liù diǎn qǐ chuáng → zǎoshang liù diǎn qǐ chuáng → Wǒmen zǎoshang liù diǎn qǐ chuáng.
   起床 → 六点起床 → 早上六点起床 → 我们 早上六点起床。

2. shàng kè → bā diǎn shàng kè → shàngwǔ bā diǎn shàng kè → Tāmen shàngwǔ bā diǎn shàng kè.
   上课 → 八点 上课 → 上午八点 上课 → 他们 上午八点 上课。

3. chī fàn → shí'èr diǎn chī fàn → zhōngwǔ shí'èr diǎn chī fàn → Tāmen zhōngwǔ shí'èr diǎn chī fàn.
   吃饭 → 十二点吃饭 → 中午 十二点吃饭 → 他们 中午十二点吃饭。

4. shuì jiào → shí diǎn shuì jiào → wǎnshang shí diǎn shuì jiào → Tāmén wǎnshang shí diǎn shuì jiào.
   睡觉 → 十点睡觉 → 晚上 十点睡觉 → 他们 晚上十点睡觉。

初级口语（1）

二、Yòng kuòhào lǐ de cíyǔ, bǎ jùzi gǎichéng wènjù
用 括号 里 的 词语，把 句子 改成 问句 /
Change the sentences into interrogative sentences using the words in the brackets /

括弧内の単語を使って疑問文に変えなさい /

괄호 안의 단어를 사용하여, 문장을 바꿔 쓰시오

1. Xiàwǔ wǒmen bú shàng kè. (ma) → Xiàwǔ nǐmen_____?
   下午 我们 不 上 课。(吗) → 下午 你们_____?

2. Wǎnshang wǒ shí diǎn shuì jiào. (jǐ) → Wǎnshang nǐ_____?
   晚上 我 十 点 睡 觉。(几) → 晚上 你_____?

三、Zǔ jù
组句 / Combine the following words into sentences /

以下の語を正しい順序にして文を作りなさい /

단어를 재배열하여 문장을 완성하시오

1. nǐ   shàngkè   jǐdiǎn   zǎoshang
   你   上课   几点   早上

2. chī   wǒ   zhōngwǔ   shí'èr diǎn   fàn
   吃   我   中午   十二 点   饭

3. shuìjiào   wǒ   shíyīdiǎn   wǎnshang
   睡觉   我   十一点   晚上

Dì-sì kè Gòu wù yǔ wèn jià
第四课　购物与问价
Lesson 4　Shopping and Asking Prices
第四課　買い物と値段の尋ね方
제 4 과　쇼핑하기

Kèwén
课文 1 / Text 1
本文 1 / 본문 1

Zuótiān nǐ qùle nǎr?
A：昨天 你 去了 哪儿？

Zuótiān wǒ qùle shūdiàn, wǒ mǎile yì běn shū.
B：昨天 我 去了 书店，我 买了 一 本 书。

Míngtiān nǐ xiǎng qù nǎr?
A：明天 你 想 去 哪儿？

Míngtiān wǒ xiǎng qù shāngdiàn.
B：明天 我 想 去 商店。

Nǐ xiǎng mǎi shénme dōngxi?
A：你 想 买 什么 东西？

Wǒ xiǎng mǎi yí jiàn yīfu.
B：我 想 买 一 件 衣服。

Míngtiān nǐ shénme shíhou qù shāngdiàn?
A：明天 你 什么 时候 去 商店？

Míngtiān wǒ xiàwǔ yì diǎn qù shāngdiàn.
B：明天 我 下午 一 点 去 商店。

短平快汉语

初级口语（1）

Cíyǔ
词语 / Words / 語句 / 단어

1. 昨天	zuótiān	yesterday 昨日 어제
2. 去	qù	to go 行く 가다
3. 哪儿	nǎr	where どこ 어디, 어느곳
4. 了	le [dòngcí(*v.*)+le]	a particle indicating completion of an action 動詞・形容詞の後ろに置き、動作・行為の完了や変化を表す。 동사 또는 형용사 뒤에쓰여 동작 또는 변화가 이미 완료 되었음을 나타냄.
5. 书店	shūdiàn	bookshop, bookstore 書店 서점
6. 明天	míngtiān	tomorrow 明日 내일
7. 想	xiǎng	to think, to want to 思う ~라고 생각하다
8. 商店	shāngdiàn	shop, store 商店 상점, 가게
9. 买	mǎi	to buy 買う 사다

10. 东西	dōngxi	things, goods
		物
		물건
11. 件	jiàn	a measure word for clothing, etc
		量詞，着
		일, 사건 (개체의 사물 등의 수량단위)
12. 衣服	yīfu	clothes, clothing
		衣類、衣服
		옷
13. 时候	shíhou	time
		時間、時刻
		시간, 동안 시기

Liànxí
练习 / Exercises
練習 / 연습

一、Tìhuàn liànxí 替换 练习 / Substitution drills / 言い換え練習 / 대환 연습

1. A: Zuótiān nǐ qùle nǎr?
   昨天 你 去了 哪儿？

   B: Zuótiān wǒ qùle shāngdiàn.
   昨天 我 去了 商店。

   yínháng
   银行

   péngyou de jiā
   朋友 的 家

初级口语（1）

2. A：Míngtiān nǐ xiǎng qù nǎr?
　　明天 你 想 去 哪儿？

　B：Míngtiān wǒ xiǎng qù shūdiàn mǎi shū.
　　明天 我 想 去 书店 买 书。

　　yínháng huàn qián
　　银行 换 钱

　　shāngdiàn mǎi dōngxi
　　商店 买 东西

3. A：Míngtiān nǐ shénme shíhou qù shūdiàn?
　　明天 你 什么 时候 去 书店？

　　yínháng
　　银行

　　péngyou de jiā
　　朋友 的 家

　B：Míngtiān wǒ shàngwǔ jiǔ diǎn qù shūdiàn.
　　明天 我 上午 九点 去 书店。

　　zhōngwǔ shí'èr diǎn qù yínháng
　　中午 十二点 去 银行

　　xiàwǔ liǎng diǎn qù péngyou de jiā
　　下午 两 点 去 朋友 的 家

Bǔchōng cíyǔ
补充 词语 / Additional words / 補足単語 / 보충 단어

1. 银行	yínháng	bank 銀行 은행
2. 换	huàn	to change, to exchange 換える 바꾸다, 교환하다
3. 钱	qián	money お金 돈

50

第四课　购物与问价

Wánchéng duìhuà
二、完成　对话 / Complete the dialogue / 对話練習 / 완성 대화

　　　　Zuótiān nǐ qùle nǎr?
1. A：昨天 你 去了 哪儿？
　　　　Zuótiān wǒ qù＿＿＿＿＿＿＿＿＿＿＿＿＿＿le.
　　B：昨天 我 去＿＿＿＿＿＿＿＿＿＿＿＿＿了。

　　　　Míngtiān nǐ xiǎng qù nǎr?
2. A：明天 你 想 去 哪儿？
　　　　Míngtiān wǒ xiǎng qù＿＿＿＿＿＿＿＿＿＿＿.
　　B：明天 我 想 去＿＿＿＿＿＿＿＿＿＿＿。
　　　　Míngtiān nǐ shénme shíhou qù＿＿＿＿＿＿＿？
　　A：明天 你 什么 时候 去＿＿＿＿＿＿＿？
　　　　Míngtiān wǒ＿＿＿＿＿＿＿qù＿＿＿＿＿＿.
　　B：明天 我＿＿＿＿＿＿＿去＿＿＿＿＿＿。

Kuàisù lǎngdú
三、快速 朗读 / Read out fast / 速読練習 / 빨리 읽기

　　　　Nǐ qùle nǎr?　Wǒ qùle shūdiàn.
1. 你 去了 哪儿？ 我 去了 书店。
　　　Nǐ mǎile shénme? Wǒ mǎile cídiǎn.
　　你 买了 什么？ 我 买了 词典。
　　　Mǎile jǐ běn?　Mǎile liǎng běn.
　　买了 几 本？ 买了 两 本。

　　　　Míngtiān nǐ xiǎng qù nǎr?　Míngtiān wǒ xiǎng qù shāngdiàn.
2. 明天 你 想 去 哪儿？ 明天 我 想 去 商店。
　　　Nǐ qù shāngdiàn mǎi shénme? Wǒ qù shāngdiàn mǎi yīfu.
　　你 去 商店 买 什么？ 我 去 商店 买 衣服。
　　　Shénme shíhou qù shāngdiàn? Míngtiān zǎoshang qù shāngdiàn.
　　什么 时候 去 商店？ 明天 早上 去 商店。

初级口语（1）

四、说一说 / Speak / 言ってみましょう / 말해보기

Zuótiān shì _____ yuè _____ hào, xīngqī _____, wǒ qùle _____.
昨天 是_____月_____号，星期_____，我 去了____。

Míngtiān shì _____ yuè _____ hào, xīngqī _____, wǒmen bú shàng kè,
明天 是_____月_____号，星期____，我们 不 上 课，

wǒ xiǎng qù _____.
我 想 去 ____。

补充 练习 / Additional exercises
補足練習 / 보충연습

一、朗读 / Read aloud / 朗読 / 읽기

1. le → mǎile → mǎile yì běn shū → Wǒ mǎile yì běn shū.
   了 → 买了 → 买了一本书 → 我买了一本书。

2. xiǎng → xiǎng qù → xiǎng qù shūdiàn → Wǒ xiǎng qù shūdiàn.
   想 → 想去 → 想去书店 → 我想去书店。

3. nǎr → qù nǎr → nǐ qù nǎr → Nǐ xiǎng qù nǎr?
   哪儿 → 去哪儿 → 你去哪儿 → 你想去哪儿？

4. shíhou → shénme shíhou → shénme shíhou qù → shénme shíhou qù shāngdiàn
   时候 → 什么时候 → 什么时候去 → 什么时候去商店
   → Tā shénme shíhou qù shāngdiàn?
   → 他什么时候去商店？

Yòng kuòhào lǐ de cíyǔ, bǎ jùzi gǎichéng wènjù
二、用 括号 里 的 词语，把 句子 改成 问句 /
Change the sentences into interrogative sentences using the words in the brackets /
括弧内の単語を使って疑問文に変えなさい /
괄호 안의 단어를 사용하여, 문장을 바꿔 쓰시오

Wǒ xiǎng qù shāngdiàn. (nǎr) → Nǐ xiǎng_____?
1. 我 想 去 商店。(哪儿)→ 你 想_____?

Tā míngtiān qù xuéxiào. (shénme shíhou)→ Tā_____?
2. 她 明天 去 学校。(什么 时候) → 她_____?

Zǔ jù
三、组句 / Combine the following phrases into sentences /
以下の語を正しい順序にして文を作りなさい /
단어를 재배열하여 문장을 완성하시오

	shūdiàn	wǒ	le	qù	zuótiān
1.	书店	我	了	去	昨天

	nǐ	qù	xiǎng	nǎr	míngtiān
2.	你	去	想	哪儿	明天

	shénme	dōngxi	mǎi	xiǎng	nǐ
3.	什么	东西	买	想	你

	shíhou	shénme	nǐ	shāngdiàn	qù
4.	时候	什么	你	商店	去

Zào jù
四、造句 / Make sentences with the following word or phrase /
作文 / 작문

xiǎng
1. 想

dòngcí (v)+ le
2. 动词＋了

短平快汉语

初级口语（1）

Kèwén
课文 2 / Text 2
本文 2 / 본문 2

A: Xiānsheng, nín yào mǎi shénme?
   先生，您 要 买 什么？

B: Wǒ kànkan. ……Xiǎojiě, zhè jiàn yīfu duōshao qián?
   我 看看。…… 小姐，这 件 衣服 多少 钱？

A: Zhè jiàn yīfu yìbǎi kuài.
   这 件 衣服 一百 块。

B: Tài guì le! Bāshí kuài, xíng ma?
   太 贵 了！八十 块，行 吗？

A: Bù xíng. Jiǔshí kuài.
   不 行。九十 块。

B: Hǎo. Wǒ mǎi yí jiàn, gěi nǐ yìbǎi kuài.
   好。我 买 一 件，给 你 一百 块。

A: Zhǎo nín shí kuài.
   找 您 十 块。

B: Xièxie!
   谢谢！

Cíyǔ
词语 / Words / 語句 / 단어

1. 先生　　　　xiānsheng　　　　sir, Mr.
   〜さん・〜先生
   선생님, ~씨(남자어른에 대한존칭어)

2. 您　　　　　nín　　　　　　　you (polite)
   あなた・あなたさま
   당신, 선생님, 귀하

54

3. 要	yào	to want, would like, need, will 要る 구하다, 요구하다, ~하고 싶다
4. 看	kàn	to look 見る 보다, 구경하다
看看	kànkan	have a look (indicating a short duration or casual) 見てみる 보다(한번 ~해보다)
5. 小姐	xiǎojiě	Miss, Ms. ～さん・おねえさん 아가씨, 양, 미스
6. 钱	qián	money お金 돈
7. 块	kuài	yuan (the basic monetary unit of China) 元（中国の貨幣の単位） (양)덩어리, 조각
8. 太……了	tài ...le	too あまりにも～すぎる 아주, 너무나
9. 贵	guì	expensive 高い [형] (가격이)비싸다
10. 行	xíng	OK, to be acceptable かまわない、よろしい 문제없다, 좋다, 괜찮다
11. 给	gěi	to give, for, to あげる・与える 주다

12. 一百	yìbǎi	one hundred	
		百	
		백	
13. 找	zhǎo	to give change	
		つりを出す	
		찾다, 구하다, 물색하다	
14. 谢谢	xièxie	to thank	
		ありがとう	
		감사합니다, 고맙습니다	

Liànxí
练习 / Exercises
練習 / 연습

Tìhuàn liànxí
一、替换 练习 / Substitution drills / 言い換え練習 / 대환 연습

1. A: Nín yào mǎi shénme?
   您要买什么?

   B: Wǒ yào mǎi yì zhī bǐ.
   我要买 一支笔。
   yí ge bāo
   一个包
   yì běn cídiǎn
   一本词典

2. A: Zhè zhī bǐ duōshao qián?
   这支笔 多少 钱?
   Zhège bāo
   这个包
   Zhè běn cídiǎn
   这本词典

   B: Zhè zhī bǐ bā máo wǔ fēn.
   这支笔八毛五分。
   Zhège bāo yìbǎi sìshí kuài
   这个包一百四十块
   Zhè běn cídiǎn sānshí liù kuài
   这本词典三十六块

第四课　购物与问价

    Nǐ gěi yíngyèyuán duōshao qián?
A：你 给 营业员 多少 钱？

    Wǒ gěi yíngyèyuán　yí kuài.
B：我 给 营业员 一块。

         yìbǎi wǔshí kuài
         一百 五十 块
         sìshí kuài
         四十 块

    Yíngyèyuán zhǎo nǐ duōshao qián?
A：营业员 找 你 多少 钱？

    Yíngyèyuán zhǎo wǒ　yì máo wǔ fēn.
B：营业员 找 我 一毛 五分。

        shí kuài
        十 块
        sì kuài
        四 块

   Nà jiàn yīfu guì　　ma?　　　　Nà jiàn yīfu hěn guì.
3. A：那 件 衣服 贵 吗？　　B：那 件 衣服 很 贵。
   Nà běn cídiǎn piányi　　　　　　Nà běn cídiǎn bù piányi.
   那 本 词典 便宜　　　　　　那 本 词典 不 便宜
   Nàge bāo piàoliang　　　　　　Nàge bāo hěn piàoliang.
   那个 包 漂亮　　　　　　　那个 包 很 漂亮

Bǔchōng cíyǔ
补充 词语 / Additional words / 補足単語 / 보충 단어

1. 包　　　　　bāo　　　bag
         バック
         [동](종이나 천 등의 얇은 것
         으로 물건을)싸다, 싸매다

短平快汉语

初级口语 (1)

2. 毛	máo	the fractional monetary unit of China = 1/10 of a yuan
		元の十分の一の単位
		[양]일원의 1/10. 10 전
3. 分	fēn	the fractional monetary unit of China = 1/10 of a jiao
		角の十分の一の単位
		1/10 of a [양] 일원의 1/100, 전
4. 营业员	yíngyèyuán	shop assistant
		店員
		점원, 판매원
5. 那	nà	that
		あの
		(화자로부터 먼 곳에 있는 것을 가리킬때) 저것, 그것, 저것들.
6. 便宜	piányi	cheap
		安い
		(값이)싸다
7. 漂亮	piàoliang	beautiful
		綺麗
		[형](용모, 옷 등이)아름답다, 보기좋다

Wánchéng duìhuà

二、完成　对话 / Complete the dialogue / 対話練習 / 완성 대화

A: _____, nín yào mǎi shénme?
　　_____, 您 要 买 什么？

B: Wǒ kànkan. Zhè_____duōshao qián?
　　我 看看。这_____多少 钱？

A: Zhè_____kuài.
　　这_____块。

B: Tài guì le! _____kuài, xíng ma?
　　太 贵 了！_____块，行 吗？

　　　　Bù xíng.　　　　　　　　　　　　　　　　kuài.
A：不 行。_____块。

　　　　Hǎo. Wǒ mǎi_____, gěi nín_____kuài.
B：好。我 买_____，给 您_____块。

　　　　Zhǎo nín_____kuài.
A：找　您_____块。

Kuàisù lǎngdú
三、快速 朗读 / Read out fast / 速読練習 / 빨리 읽기

　　Nín yào mǎi shénme? Wǒ yào mǎi yīfu.
　　您 要 买 什么？我 要 买 衣服。
　　Zhè jiàn duōshao qián? Zhè jiàn liùshí kuài.
　　这 件 多少 钱？这 件 六十 块。
　　Gěi nín yìbǎi kuài, zhǎo nín sìshí kuài.
　　给 您 一百 块，找 您 四十 块。

Shuō yi shuō
四、说 一 说 / Speak / 言ってみましょう / 말해보기

　　Zuótiān, wǒ qùle_____, wǒ mǎile_____zhè_____kuài.
　　昨天，我 去了_____，我 买 了_____，这_____块。
　　Wǒ gěi yíngyèyuán_____kuài, yíngyèyuán zhǎo wǒ_____.
　　我 给 营业员_____块，营业员 找 我_____。
　　Zhè_____hěn_____.
　　这_____很_____。

初级口语（1）

补充 练习 / Additional exercises
Bǔchōng liànxí

補足練習 / 보충연습

一、朗读 / Read aloud / 朗読 / 읽기
Lǎngdú

1. yào → yào mǎi → yào mǎi yīfu → Wǒ yào mǎi yīfu.
   要 → 要 买 → 要 买 衣服 → 我 要 买 衣服。

2. Duōshao → duōshao qián → yīfu duōshao qián → Zhè jiàn yīfu duōshao qián?
   多少 → 多少 钱 → 衣服多少 钱 → 这 件 衣服 多少 钱？

3. Gěi → gěi tā → gěi tā qián → gěi tā yìbǎi kuài qián → Wǒ gěi tā yìbǎi kuài qián.
   给 → 给 他 → 给 他 钱 → 给 他 一百 块 钱 → 我 给 他 一百 块 钱。

二、用 括号 里的 词语 把 句子 改成 问句 /
Yòng kuòhào lǐ de cíyǔ bǎ jùzi gǎichéng wènjù

Change the sentences into interrogative sentences using the words in the brackets /

括弧内の単語を使って疑問文に変えなさい /

괄호 안의 단어를 사용하여, 문장을 바꿔 쓰시오

1. Wǒ yào mǎi yīfu. (shénme) → Nǐ yào _____?
   我 要 买 衣服。（什么）→ 你 要 _____?

2. Zhè běn shū yìbǎi kuài qián. (duōshao) → Zhè běn shū _____?
   这 本 书 一百 块 钱。（多少）→ 这 本 书 _____?

Zǔ jù
三、组句 / Combine the following words into sentences /
以下の語を正しい順序にして文を作りなさい /
단어를 재배열하여 문장을 완성하시오

	zhè	yīfu	tài	jiàn	le	guì
1.	这	衣服	太	件	了	贵

	yíngyèyuán	wǒ	yìbǎi kuài	gěi
2.	营业员	我	一百块	给

	wǒ	zhǎo	liùshí kuài	yíngyèyuán
3.	我	找	六十块	营业员

Zào jù
四、造句 / Make sentences with the following word or phrase /
作文 / 작문

yào
1. 要

tài ... le!
2. 太 …… 了!

Dì-wǔ kè Chī fàn yǔ diǎn cài
第五课 吃饭与 点菜
Lesson 5   Dining and Ordering Dishes
第五課　　食事と注文
제 5 과　식사 와 주문

Kèwén
课文 1 / Text 1
本文 1 / 본문 1

   Zuótiān wǎnshang qī diǎn, nǐ zài nǎr?
A：昨天 晚上 七点，你在哪儿？
   Zuótiān wǎnshang qī diǎn, wǒ zài fàndiàn.
B：昨天 晚上 七点，我在饭店。
   Nǐ zài fàndiàn chīle shénme?
A：你在饭店吃了什么？
   Wǒ zài fàndiàn chīle Zhōngguó cài.
B：我在饭店吃了中国 菜。
   Nǐ chīle shénme cài?
A：你吃了什么菜？
   Wǒ chīle yú hé ròu, hái chīle shūcài.
B：我吃了鱼和肉，还吃了蔬菜。
   Zhōngguó cài hǎochī ma?
A：中国 菜好吃吗？
   Zhōngguó cài hěn hǎochī, dànshì bǐjiào yóunì.
B：中国 菜很 好吃，但是 比较 油腻。
   Nǐ zhīdào Zhōngguó cài de míngzi ma?
A：你知道 中国 菜的 名字吗？
   Wǒ bù zhīdào Zhōngguó cài de míngzi, dànshì wǒ hěn xǐhuan
B：我不知道 中国 菜的名字，但是 我很 喜欢
   Zhōngguó cài.
   中国 菜。

词语 / Words / 語句 / 단어

1. 在	zài	to be at, in or on a place 〜で [동] 〜에 있다	
2. 饭店	fàndiàn	restaurant, hotel レストラン 호텔, 여관	
3. 菜	cài	dish おかず、料理 요리, 음식	
4. 鱼	yú	fish 魚 물고기	
5. 肉	ròu	meat 肉 고기, 살	
6. 还	hái	still, also まだ、もっと 아직도, 여전히	
7. 蔬菜	shūcài	vegetable 野菜 야채	
8. 好吃	hǎochī	delicious 美味しい 맛있다	
9. 但是	dànshì	but しかし、けれども 그러나, 그렇지만	
10. 比较	bǐjiào	relatively 比較的、わりに 비교적	

短平快汉语

初级口语（1）

11. 油腻	yóunì	oily, fatty 脂っこい 기름지다, 기름기가 많다
12. 知道	zhīdào	to know 知っている、分かる 알다, 이해하다, 깨닫다
13. 喜欢	xǐhuan	to like, to enjoy, to love 好き 좋아하다, 호감을 가지다, 마음에 들다

Liànxí
练习 / Exercises
練習 / 연습

Tìhuàn liànxí
一、替换 练习 / Substitution drills / 言い換え練習 / 대환 연습

Nǐ zài fàndiàn chīle shénme?
1. A：你 在 饭店 吃了 什么？

Wǒ zài fàndiàn chīle mǐfàn, hái chīle chǎo qīngcài.
B：我 在 饭店 吃了 米饭，还 吃了 炒 青菜。
　　　　　　　　　miàntiáo　　　　　　mápó dòufu
　　　　　　　　　面条　　　　　　　　麻婆 豆腐

Chǎo qīngcài hǎochī ma?
A：炒 青菜 好吃 吗？
　　mápó dòufu
　　麻婆 豆腐

Chǎo qīngcài hěn hǎochī, dànshì bǐjiào yóunì.
B：炒 青菜 很 好吃，但是 比较 油腻。
　　mápó dòufu
　　麻婆 豆腐

2. A：这个菜 清淡 吗？ B：这个菜 很 清淡。
　　　　　　辣　　　　　　　　比较 辣
　　　　　　咸　　　　　　　　不太 咸

3. A：你喜欢吃 清淡 的东西吗？
　　　　　　　辣
　　　　　　　咸

　B：我 很 喜欢 吃 清淡 的 东西。
　　　　比较 喜欢　　　辣
　　　　不太 喜欢　　　咸

4. A：他在 中国 学习 什么？
　　　　书店 买了
　　　　商店 买了

　B：他在 中国 学习 汉语。
　　　　书店 买了 一本 词典。
　　　　商店 买了 一件 衣服。

Bǔchōng cíyǔ
补充 词语 / Additional words / 補足単語 / 보충 단어

1. 餐厅	cāntīng	restaurant, dining-room レストラン、飲食店 식당
2. 米饭	mǐfàn	rice ご飯 쌀밥
3. 炒青菜	chǎo qīngcài	fried green vegetables 青野菜の炒め物 야채볶음
4. 面条	miàntiáo	noodle 麺 국수
5. 麻婆豆腐	mápó dòufu	stir-fried bean curd in hot sauce 麻婆豆腐 [사천요리] 마파두부
6. 清淡	qīngdàn	light, delicate あっさりしている (맛, 색깔 등이)담백하다. 산뜻하다
7. 辣	là	hot, peppery 辛い 맵다, 얼얼하다
8. 咸	xián	salty 塩辛い (맛이) 짜다
9. 不太	bú tài	not too... あまり～ではない 그다지, ～하지 않다

Wánchéng duìhuà

二、完成　对话 / Complete the dialogue / 对话練習 / 완성 대화

1. A：Zuótiān, nǐ zài＿＿＿chīle shénme?
昨天，你 在＿＿吃了 什么？

   B：Zuótiān, wǒ zài＿＿chīle＿＿＿cài.
昨天，我 在＿＿吃了＿＿菜。

   A：Nǐ chīle shénme cài?
你 吃了 什么 菜？

   B：Wǒ chīle ＿＿＿＿, hái chīle ＿＿＿＿.
我 吃了＿＿＿，还吃了＿＿＿＿。

   A：＿＿＿cài hǎochī ma?
＿＿菜 好吃 吗？

   B：＿＿cài hěn hǎochī, dànshì bǐjiào＿＿＿.
＿＿菜 很 好吃，但是 比较＿＿。

2. A：Nǐ xǐhuan chī＿＿＿cài ma?
你 喜欢 吃＿＿菜 吗？

   B：Wǒ＿＿＿＿＿＿＿.
我＿＿＿＿＿＿＿。

   A：Nǐ zhīdào＿＿＿cài de míngzi ma?
你 知道＿＿＿菜 的 名字 吗？

   B：Wǒ bù zhīdào＿＿＿＿＿＿＿.
我 不 知道＿＿＿＿＿＿。

Kuàisù lǎngdú

三、快速 朗读 / Read out fast / 速読練習 / 빨리 읽기

Wǒ zài fàndiàn chīle fàn, chīle yú hé chǎo qīngcài, cài hěn yóunì, dàn hǎo chī. Wǒ hěn xǐhuan Zhōngguó cài.
我 在 饭店 吃了 饭，吃了 鱼 和 炒 青菜，菜 很 油腻，但 好吃。我 很 喜欢 中国 菜。

Shuō yi shuō

四、说 一 说 / Speak / 言ってみましょう / 말해보기

Zuótiān, wǒ qùle＿＿＿＿＿. Wǒ zài＿＿＿＿＿chīle＿＿＿＿hé＿＿＿＿. Wǒ bù zhīdào＿＿＿＿de míngzi, dànshì＿＿＿hěn hǎochī, wǒ hěn xǐhuan＿＿＿＿.
昨天，我 去了＿＿＿＿。我 在＿＿＿＿吃了＿＿＿和＿＿＿。我 不 知道＿＿＿的 名字，但是＿＿＿很 好吃，我 很 喜欢＿＿＿＿。

初级口语（1）

Bǔchōng liànxí
补充 练习 / Additional exercises
补足練習 / 보충연습

一、Lǎngdú 朗读 / Read aloud / 朗読 / 읽기

1. zài → zài fàndiàn → wǒ zài fàndiàn → Wǒ zài fàndiàn chī fàn.
   在 → 在饭店 → 我在饭店 → 我在饭店吃饭。

2. hǎochī → hěn hǎochī → cài hěn hǎochī → Zhōngguó cài hěn hǎochī.
   好吃 → 很好吃 → 菜很好吃 → 中国菜很好吃。

3. bǐjiào → bǐjiào yóunì → cài bǐjiào yóunì → Zhōngguó cài bǐjiào yóunì.
   比较 → 比较油腻 → 菜比较油腻 → 中国菜比较油腻。

4. xǐhuan → hěn xǐhuan → wǒ hěn xǐhuan → Wǒ hěn xǐhuan Zhōngguó cài.
   喜欢 → 很喜欢 → 我很喜欢 → 我很喜欢中国菜。

二、Yòng kuòhào lǐ de cíyǔ, bǎ jùzi gǎichéng wènjù
用括号里的词语，把句子改成问句 /
Change the sentences into interrogative sentences using the words in the brackets /
括弧内の単語を使って疑問文に変えなさい /
괄호 안의 단어를 사용하여, 문장을 바꿔 쓰시오

1. Wǒ chīle Zhōngguó cài. (nǎ)→ Nǐ chīle _____?
   我吃了中国菜。(哪)→ 你吃了_____?

2. Zhōngguó cài hěn hǎochī. (ma)→ Zhōngguó cài _____?
   中国菜很好吃。(吗) →中国菜_____?

3. Wǒ zài fàndiàn chīle Zhōngguó cài. (shénme)→ Nǐ zài _____?
   我在饭店吃了中国菜。(什么) → 你在_____?

Zǔ jù
三、组句 / Combine the following phrases into sentences /
以下の語を正しい順序にして文を作りなさい /
단어를 재배열하여 문장을 완성하시오

    wǒ   cài   fàndiàn   chī   zài   Zhōngguó
1. 我   菜   饭店   吃   在   中国

    yú   wǒ   chī   ròu   le   hé
2. 鱼   我   吃   肉   了   和

    hěn   cài   wǒ   Zhōngguó   xǐhuan
3. 很   菜   我   中国   喜欢

    bù   wǒ   cài   zhīdào   de   míngzi
4. 不   我   菜   知道   的   名字

Zào jù
四、造句 / Make sentences with the following word or phrase /
作文 / 작문

    zài + dìfang (place) + dòngcí(v.)
1. 在 + 地方 + 动词

    ... hái ...
2. ……,还……

    dànshì
3. 但是

Kèwén
课文 2 / Text 2
本文 2 / 본문 2

(zài fàndiàn)
(在 饭店)

    Qǐngwèn, nǐmen jǐ ge rén?
A：请问，你们几个人？

    Wǒmen liǎng ge rén.
B：我们 两 个人。

    Nǐmen yào chī shénme?
A：你们 要 吃 什么？

    Qǐng gěi wǒmen kànkan càidān.
B：请 给我们 看看 菜单。

    Hǎo, zhè shì càidān.
A：好，这 是 菜单。

    Wǒmen yào yí ge chǎo xiārén, hái yào yí ge jīdàntāng.
B：我们 要一个 炒虾仁，还 要一个 鸡蛋汤。

    Nǐmen yào hē píjiǔ háishi chá?
A：你们 要 喝 啤酒 还是 茶？

    Wǒmen yào liǎng píng píjiǔ.
B：我们 要 两 瓶 啤酒。

    Hǎo, qǐng děng yíhuìr.
A：好，请 等 一会儿。

词语 / Words / 語句 / 단어

Cíyǔ

1. 菜单	càidān	menu メニュー 식단, 메뉴
2. 炒	chǎo	stir-fry, fry 炒める (기름 등으로) 볶다
3. 虾仁	xiārén	shelled shrimp 海老 껍질과 머리를 떼어낸 신선한 새우
炒虾仁	chǎo xiārén	fried shelled shrimp 海老の炒め物 새우볶음
4. 鸡蛋	jīdàn	egg 卵 계란, 달걀
5. 汤	tāng	soup スープ 스프, 국
6. 喝	hē	to drink 飲む 마시다
7. 啤酒	píjiǔ	beer ビール 맥주
8. 还是	háishi	or または、あるいは 또는, 아니면
A 还是 B?		A or B? AまたはB? A 또는 B? A 아니면 B?

9. 茶	chá	tea
		お茶
		차
10. 瓶	píng	bottle
		量詞，本
		병
11. 等	děng	to wait
		待つ
		기다리다
12. 一会儿	yíhuìr	for a moment
		ちょっとの間、すぐ
		잠시, 잠깐동안

Liànxí
练习 / Exercises
練習 / 연습

Tìhuàn liànxí
一、替换 练习 / Substitution drills / 言い換え練習 / 대환 연습

1. A: Nǐ yào chī shénme cài?　你要吃什么菜？
   B: Qǐng gěi wǒ kànkan nà ge cài.　请给我看看那个菜。

   | hē | jiǔ | píng jiǔ |
   | 喝 | 酒 | 瓶 酒 |

2. A: Nǐ yào chī shénme?　你要吃什么？
   B: Wǒ yào yí ge chǎo jīdàn, hái yào yí ge suānlàtāng.　我要一个炒鸡蛋，还要一个酸辣汤。

   | gǔlǎoròu | niúròutāng |
   | 古老肉 | 牛肉汤 |

3. A：你要喝 可乐 还是 咖啡？
　　　　　　橙汁　　　　矿泉水

B：我要一杯 咖啡。
　　　　　　矿泉水

4. A：你还要什么？

B：我还要一杯茶。
　　不要了，我饱了。

补充 词语 / Additional words / 補足単語 / 보충 단어

1. 酸辣汤	suānlàtāng	hot and sour soup スワンラータン（酸っぱくて辛いスープ） 시고 매운 탕
2. 古老肉	gǔlǎoròu	fried pork in sweet and sour sauce 酢豚 탕수육
3. 牛肉汤	niúròutāng	steamed beef soup 牛肉スープ 소고기국
4. 可乐	kělè	cola コーラ 콜라

5. 咖啡	kāfēi	coffee コーヒー 커피
6. 矿泉水	kuàngquánshuǐ	mineral water ミネラルウォーター 광천수, 미네랄워터
7. 橙汁	chéngzhī	orange juice オレンジジュース 오렌지 주스
8. 杯	bēi	cup, glass グラス 잔, 컵
9. 饱	bǎo	full 一杯に 배부르다

Wánchéng duìhuà

二、完成 对话 / Complete the dialogue / 対話練習 / 완성 대화

Qǐngwèn, nǐmen jǐ ge rén?
1. A：请问，你们 几 个 人？
   Wǒmen_____.
   B：我们_____。

   Nǐmen yào chī shénme?
   A：你们 要 吃 什么？
   Qǐng gěi wǒmen kànkan_____.
   B：请 给 我们 看看_____。
   Hǎo. Zhè shì_____.
   A：好。这 是____。
   Wǒmen yào _____, hái yào_____.
   B：我们 要_____，还要_____。

Nǐmen yào hē＿＿＿háishi＿＿＿?
2. A：你们 要 喝＿＿＿还是＿＿＿?
   Wǒmen yào＿＿＿.
   B：我们 要＿＿＿。
   Hǎo, qǐng děng yíhuìr.
   A：好，请 等 一会儿。

Kuàisù lǎngdú
三、快速 朗读 / Read out fast / 速読練習 / 빨리 읽기

Nǐmen yào chī shénme cài? Qǐng gěi wǒmen kàn càidān. Wǒmen yào ge chǎoxiārén,
你们 要 吃 什么 菜？请 给 我们 看 菜单。我们 要 个 炒虾仁，
háiyào yí ge jīdàntāng. Yào hē píjiǔ háishi chá? Yào hē píjiǔ, bú yào chá.
还 要一个 鸡蛋汤。要 喝 啤酒还是 茶？要 喝 啤酒，不要 茶。

Shuō yi shuō
四、说 一 说 / Speak / 言ってみましょう / 말해보기

Zuótiān, wǒ hé péngyou qùle＿＿＿＿. Fúwùyuán wèn wǒmen yào chī shénme,
昨天，我 和 朋友 去了＿＿＿＿。服务员 问 我们 要 吃 什么，
wǒmen shuō："Qǐng gěi wǒmen kànkan＿＿＿＿." Fúwùyuán gěi wǒmen
我们 说："请 给 我们 看看＿＿＿＿。"服务员 给 我们
kànle＿＿＿. Wǒmen yàole＿＿＿, hái yàole＿＿＿. Fúwùyuán hái wèn wǒmen：
看了＿＿＿。我们 要了＿＿＿，还 要了＿＿＿。服务员 还 问 我们：
"Nǐmen yào hē＿＿＿háishi＿＿＿?" Wǒmen shuō："Wǒmen yào＿＿＿, háiyào＿＿＿"
"你们 要 喝＿＿＿还是＿＿＿？"我们 说："我们要＿＿＿，还要＿＿＿"。
＿＿＿hěn hǎochī,＿＿＿yě hěn hǎohē, wǒmen hěn gāoxìng.
＿＿＿很 好吃，＿＿＿也 很好喝，我们 很 高兴。

Bǔchōng cíyǔ
补充 词语 / Additional words / 補足単語 / 보충 단어

1. 服务员　　　fúwùyuán　　　waiter or waitress
　　　　　　　　　　　　　　　店員
　　　　　　　　　　　　　　　종업원

2. 问　　　　　wèn　　　　　　to ask
　　　　　　　　　　　　　　　言う
　　　　　　　　　　　　　　　말하다

短平快汉语

初级口语（1）

3. 说　　　　shuō　　　　　　to speak
　　　　　　　　　　　　　　聞く
　　　　　　　　　　　　　　물어보다

Bǔchōng liànxí
补充 练习 / Additional exercises
補足練習 / 보충연습

Lǎngdú

一、朗读 / Read aloud / 朗読 / 읽기

　　　　gěi → gěi wǒ → gěi wǒ kànkan → Qǐng gěi wǒ kànkan → Qǐng gěi wǒ kànkan càidān.
1. 给 → 给我 → 给 我 看看 → 请 给 我 看看 → 请 给 我 看看 菜单。

　　　　háishi → chá háishi píjiǔ → hē chá háishi hē píjiǔ → Nǐ hē chá háishi hē píjiǔ?
2. 还是 → 茶 还是 啤酒 → 喝 茶 还是 喝 啤酒 → 你 喝 茶 还是 喝 啤酒？

　　　　yíhuìr → děng yíhuìr → Qǐng děng yíhuìr.
3. 一会儿 → 等 一会儿 → 请 等 一会儿。

Zǔ jù

三、组句 / Combine the following words into sentences /
以下の語を正しい順序にして文を作りなさい /
단어를 재배열하여 문장을 완성하시오

　　　qǐng　kànkan　gěi　càidān　wǒmen
1. 请　看看　给　菜单　我们

　　　chá　nǐmen　háishi　hē　píjiǔ
2. 茶　你们　还是　喝　啤酒

76

三、造句 / Make sentences /
作文 / 작문

1. ……给 ＋ 动词……
   ...gěi + dòngcí (v.)...

2. ……还是……?
   ...háishi...?

3. 要……, 还要……
   yào..., hái yào....

Dì-liù kè　Wèn lù yǔ zuò chē
第六课　问路与坐车
Lesson 6　Asking the Way and Taking Transport
第六課　道の尋ね方と交通
제 6 과　길 묻기

Kèwén
课文 1 / Text 1
本文 1 / 본문 1

　　Qǐngwèn, qù Zhōngguó yínháng zuò shénme chē?
A：请问，去 中国 银行 坐 什么 车？
　　Xiān zuò 26 Lù, dào Běijīng Lù xià chē; zài huàn dìtiě, dào
B：先 坐26路，到 北京 路下车；再 换 地铁，到
　　Guǎngdōng Lù xià chē.
　　广东 路下车。
　　Hái yào huàn chē ma?
A：还要 换 车 吗？
　　Bú yòng huàn chē, xià chē jiù shì Zhōngguó Yínháng.
B：不用 换 车，下车 就是 中国 银行。
　　Xièxie!
A：谢谢！
　　Búyòng xiè.
B：不用 谢。
　　……
(zài chē shàng)
（在车 上）

A：Qǐngwèn, zhè liàng chē dào Běijīng Lù ma?
请问， 这 辆 车 到 北京 路 吗？

B：Zhè liàng chē dào Běijīng Lù, qǐng shàng chē.
这 辆 车 到 北京路，请 上 车。

A：Yì zhāng piào duōshao qián?
一 张 票 多少 钱？

B：Yì zhāng piào liǎng kuài qián.
一 张 票 两 块 钱。

Cíyǔ
词语 / Words / 語句 / 단어

1. 路	lù	road, bus No. 道、道路 길, 도로
2. 坐	zuò	travel by (bus, train, plain, etc.) 乗る 앉다
3. 车	chē	vehicle 車、車両 차, 자동차, 탈것
4. 先	xiān	first 先 먼저, 우선
5. 到	dào	to arrive, to reach 着く [동]도착하다, 도달하다, ~에 이르다[미치다]
6. 下车	xià chē	to get off 降りる 하차하다, 내리다
7. 再	zài	again 再び 재차, 다시

短平快汉语

初级口语（1）

8. 换	huàn	to change
		剩換える
		바꾸다, 교환하다
9. 地铁	dìtiě	subway, Metro
		地下鉄
		지하철
10. 用	yòng	need, to use
		要る，用いる
		쓰다, 사용하다
不用	búyòng	need not, unnecessary
		要らない
		쓰지 않다
11. 就	jiù	just
		ちょうど
		곧, 즉시 바로
12. 辆	liàng	a measure word for bicycles, cars, etc.
		量詞，両（自転車、車など）
		[양]대, 차량을 셀때 쓰는 양사
13. 上车	shàng chē	to get on
		乗る、乗り込む
		차를 타다
14. 张	zhāng	a measure word for ticket, desks, tables, paper, etc.
		量詞，枚（チケット、テーブル、紙など）
		종이, 모피, 책상, 의자 (침대 따위의 넓은 표면을 가진 것을 세는 단위)
15. 票	piào	ticket
		チケット
		표

Zhuānmíng
专名 / Proper nouns / 固有名詞 / 고유명사

1. 中国银行　　Zhōngguó Yínháng　　Bank of China
中国銀行
중국은행

2. 北京路　　Běijīng Lù　　Beijing Road
北京通り
북경로

3. 广东路　　Guǎngdōng Lù　　Guangdong Road
広東通り
광동로

Liànxí
练习 / Exercises
練習 / 연습

Tìhuàn liànxí
一、替换 练习 / Substitution drills / 言い換え練習 / 대환 연습

Qǐngwèn, qù túshūguǎn zuò shénme chē?
1. A：请问，去 图书馆 坐 什么 车？
　　　　　　dòngwùyuán
　　　　　　动物园

Xiān zuò 18 Lù gōnggòng qìchē, dào Rénmín Lù xià chē;
B：先 坐 18 路 公共 汽车，到 人民 路 下 车；
　　　chūzū qìchē
　　　出租 汽车

zài huàn dìtiě, dào Tiānjīn Lù xià chē.
再 换 地铁，到 天津 路 下 车。
　　　　　　Dàlián Lù
　　　　　　大连 路

短平快汉语

初级口语（1）

A：Hái yào huàn chē ma?
　　还 要 换 车 吗？

B：Búyòng huàn chē, xià chē jiù shì túshūguǎn.
　　不用 换 车，下 车 就 是 图书馆。
　　　　　　　　　　　　　　　　dòngwùyuán
　　　　　　　　　　　　　　　　动物园

2. A：Qǐngwèn, zhè liàng chē dào huǒchēzhàn ma?
　　　请问， 这 辆 车 到 火车站 吗？
　　　　　　　　　　　　　　fēijīchǎng
　　　　　　　　　　　　　　飞机场

　 B：Zhè liàng chē dào huǒchēzhàn, qǐng shàng chē.
　　　这 辆 车 到 火车站， 请 上 车。
　　　　　　　　　　　fēijīchǎng
　　　　　　　　　　　飞机场

　 A：Yì zhāng piào duōshao qián?
　　　一 张 票 多少 钱？

　 B：Yì zhāng piào yí kuài qián.
　　　一 张 票 一 块 钱。
　　　　　　　　sān kuài qián
　　　　　　　　三 块 钱

Bǔchōng cíyǔ
补充 词语 / Additional words / 補足単語 / 보충 단어

1. 图书馆	túshūguǎn	library
		図書館
		도서관
2. 动物园	dòngwùyuán	zoo
		動物園
		동물원
3. 公共汽车	gōnggòng qìchē	bus
		公共バス
		버스

82

4. 出租汽车	chūzū qìchē	taxi タクシー 택시
5. 火车站	huǒchēzhàn	railway station 駅 기차역
6. 飞机场	fēijīchǎng	airport 空港 공항

二、完成 **Wánchéng duìhuà**
对话 / Complete the dialogue / 対話練習 / 완성 대화

1. A： Qǐngwèn, qù_____zuò shénme chē?
 请问，去_____坐 什么 车？

 B： Xiān zuò_____, dào_____ xià chē; zài huàn_____, dào_____ xià chē.
 先 坐____，到____ 下 车；再 换____，到____ 下 车。

 A： Hái yào huàn chē ma?
 还 要 换 车 吗？

 B： Búyòng _____, xià chē jiù shì_____.
 不用_____，下 车 就 是_____。

 A： Xièxie!
 谢谢！

 B： Búyòng xiè.
 不用 谢。

2. A： Qǐngwèn, zhè liàng chē dào_____ma?
 请问，这 辆 车 到_____吗？

 B： Zhè liàng chē dào_____, qǐng shàng chē.
 这 辆 车 到_____，请 上 车。

 A： Yì zhāng piào duōshao qián?
 一 张 票 多少 钱？

 B： Yì zhāng piào_____.
 一 张 票_____。

初级口语（1）

三、快速 朗读 / Read out fast / 速読練習 / 빨리 읽기

Wǒ yào qù yínháng, yào zuò shénme chē?
我 要 去 银行，要 坐 什么 车？
Nǐ xiān zuò dìtiě, dàole Běijīng Lù, zài huàn 20 Lù.
你 先 坐 地铁，到了 北京 路，再 换 20 路。
Hái yào huàn chē ma? Búyòng zài huàn chē, xià chē jiù dào le.
还 要 换 车 吗？不用 再 换 车，下 车 就 到 了。

四、说 一 说 / Speak / 言ってみましょう / 말해보기

Zuótiān, wǒ qùle_____.
昨天，我 去 了_____。
Wǒ xiān zuò_____, dào_____xià chē; zài huàn_____,
我 先 坐_____,到_____下 车；再 换_____,
dào_____xià chē, xià chē jiù shì_____.
到_____下 车，下 车 就 是_____。

补充 练习 / Additional exercises / 補足練習 / 보충연습

一、朗读 / Read aloud / 朗読 / 읽기

huàn → huàn chē → yào huàn chē → hái yào huàn chē → Hái yào huàn shénme chē?
1. 换 → 换 车 → 要 换 车 → 还 要 换 车 → 还 要 换 什么 车？

Yòng → búyòng → búyòng huàn chē.
2. 用 → 不用 → 不用 换 车。

jiù → jiù shì → jiù shì Běijīng Lù → xià chē jiù shì Běijīng Lù.
3. 就 → 就 是 → 就 是 北京 路 → 下 车 就 是 北京 路。

84

、组句 / Combine the following words into sentences / 以下の語を正しい順序にして文を作りなさい / 단어를 재배열하여 문장을 완성하시오

1. zuò qù shénme Nánjīng Lù chē ?
   坐   去   什么   南京路   车   ?

2. huàn yào chē ma hái ?
   换   要   车   吗   还   ?

3. jiù xià chē Nánjīng Lù shì
   就   下车   南京路   是

三、造句 / Make sentences with the following word or phrase / 作文 / 작문

1. huàn
   换

2. xiān..., zài...
   先……, 再……

课文 2 / Text 2 / 本文 2 / 본문 2

Kèwén

A: Qǐngwèn, qù èrshíliù Lù chēzhàn zěnme zǒu?
请问，去 26 路 车站 怎么 走？

B: Xiān wǎng qián zǒu, dào shízì lùkǒu; zài wǎng yòu guǎi, duìmiàn jiù shì èrshíliù Lù chēzhàn.
先 往 前 走，到 十字 路口；再 往 右 拐，对面 就 是 26 路车站。

A: Cóng zhèr dào nàr yuǎn ma?
从 这儿 到 那儿 远 吗？

B: Cóng zhèr dào nàr bù yuǎn.
从 这儿 到 那儿 不远。

A: Dàgài yào zǒu duō cháng shíjiān?
大概 要 走 多 长 时间？

B: Dàgài yào zǒu wǔ fēnzhōng.
大概 要 走 五 分钟。

A: Xièxie!
谢谢！

B: Búyòng xiè.
不用 谢。

Cíyǔ
词语 / Words / 語句 / 단어

1. 车站	chēzhàn	station 駅 정거장, 버스 정류장
2. 怎么	zěnme	how どう、どのように 어떻게, 어째서

86

3. 走	zǒu	to walk	
		歩く	
		걷다, 걸어가다	
4. 往	wǎng	toward	
		〜に向かって	
		[동](〜로)향하다	
5. 前	qián	ahead	
		前	
		(장소)앞	
6. 路口	lùkǒu	crossing, intersection	
		道の交差するところ	
		갈림길, 길목	
7. 右	yòu	right	
		右	
		우측, 오른쪽	
8. 拐	guǎi	to turn	
		曲がる	
		[동]방향을 돌리다	
9. 对面	duìmiàn	opposite side	
		真向かい	
		반대 편, 맞은 편	
10. 从	cóng	from	
		〜から	
		[개]~부터 (장소, 시간의 출발점을 나타낸다)	
从……到……	cóng...dào...	from...to	
		〜から〜まで	
		부터... 까지	
11. 这儿	zhèr	here	
		ここ	
		여기[이곳], 거기[그곳]	
12. 那儿	nàr	there	
		あそこ	
		그곳, 거기	

短平快汉语
初级口语 (1)

13. 远	yuǎn	far 遠い 멀다
14. 大概	dàgài	perhaps, about 大体 [형][부]대강(의), 대충(의).
15. 长	cháng	long 長い 길다
多长	duō cháng	how long どれくらい（長さ） 길이가 얼마인가
16. 时间	shíjiān	time 時間 시간

Liànxí
练习 / Exercises
練習 / 연습

Tìhuàn liànxí
一、替换 练习 / Substitution drills / 言い換え練習 / 대환 연습

1. A: 请问，去 中国 银行 怎么走？
   Qǐngwèn, qù Zhōngguó Yínháng zěnme zǒu?

   外文 书店 Wàiwén Shūdiàn
   邮局 yóujú

　　　　　Xiān wǎng qián zǒu, dàole hóng-lǜdēng; zài wǎng zuǒ guǎi, pángbiān
B：先 往　前走，到了 红绿灯；再 往 左拐，旁边
　　　jiù shì　Zhōngguó Yínháng.
　　就 是　中国　银行。
　　　　　　Wàiwén Shūdiàn
　　　　　　外文 书店
　　　　　　yóujú
　　　　　　邮局

　　　　　Cóng zhèr dào nàr yuǎn bu yuǎn?
2. A：从 这儿到 那儿 远 不 远？
　　　Cóng zhèr dào nàr　hěn jìn.
B：从 这儿到 那儿　很近。
　　　　　　　　　bǐjiào yuǎn
　　　　　　　　　比较 远

　　　Dàgài yào zǒu duō cháng shíjiān?
A：大概 要 走 多 长 时间？
　　　Dàgài yào zǒu　sān fēnzhōng.
B：大概 要 走　三 分钟。
　　　　　　　　yí kè zhōng
　　　　　　　　一刻 钟

　　　　　Qǐngwèn, qù dìtiě zhàn　zěnme zǒu?
3. A：请问，去 地铁 站　怎么 走？
　　　　　　　huǒchē zhàn
　　　　　　　火车 站
　　　　　　　qìchē zhàn
　　　　　　　汽车 站
　　　Duìbuqǐ,　wǒ bù zhīdào.
B：对不起，我 不 知道。

短平快汉语
初级口语（1）

Bǔchōng cíyǔ
补充 词语 / Additional words / 補足単語 / 보충 단어

1. 邮局	yóujú	post office 郵便局 우체국
2. 外文	wàiwén	foreign language 外国語 외국어
3. 红绿灯	hóng-lǜdēng	traffic light 信号 (교통)신호등
4. 左	zuǒ	left 左 왼쪽
5. 旁边	pángbiān	nearby 近く、側 부근, 근처
6. 近	jìn	near 近い 가깝다

Wánchéng duìhuà
二、完成 对话 / Complete the dialogue / 对话練習 / 완성 대화

Qǐngwèn, qù_____zěnme zǒu?
A：请问，去_____怎么走？

Xiān wǎng_____zǒu, dào_____；
B：先 往_____走，到_____；

zài wǎng_____guǎi,_____jiù shì_____.
再 往_____拐，_____就 是_____。

Cóng zhèr dào nàr yuǎn bu yuǎn?
A：从 这儿 到 那儿 远 不 远？

90

Cóng zhèr　dào nàr_____.
B：从　这儿 到 那儿_____。
　　　Dàgài yào zǒu duō cháng shíjiān?
A：大概 要 走 多 长　时间？
　　　Dàgài yào zǒu_____.
B：大概 要 走_____。

Kuàisù lǎngdú
三、快速 朗读 / Read out fast / 速読練習 / 빨리 읽기

　　Wǒ yào qù yóujú, qǐngwèn zěnme zǒu?
1. 我 要 去 邮局，请问 怎么 走？
　　Nǐ xiān wǎng qián zǒu, dàole hóng-lǜ dēng, nǐ zài wǎng yòu guǎi.
　　你 先 往 前 走，到了 红绿 灯，你 再 往 右 拐。

　　Cóng zhèr　dào nàr　yuǎn bu yuǎn?
2. 从 这儿 到 那儿 远 不 远？
　　Cóng zhèr　dào　nàr　bú tài yuǎn.
　　从 这儿 到 那儿 不太 远。
　　Dàgài yào zǒu　jǐ fēnzhōng?
　　大概 要 走 几 分钟？
　　Dàgài yào zǒu　shí fēnzhōng.
　　大概 要 走 十 分钟。

Shuō yi shuō
四、说 一 说 / Speak / 言ってみましょう / 말해보기

　　Zuótiān, wǒ qùle_____.
昨天，我 去了_____。
　Wǒ xiān wǎng_____zǒu, dàole_____, wǒ zài wǎng_____guǎi,
我 先 往_____走，到了_____，我 再 往_____拐，
_____jiù shì_____.
_____就 是_____。
　Cóng_____dào_____yuǎn, wǒ dàgài zǒule_____.
从_____到_____远，我 大概 走了_____。

91

初级口语（1）

Bǔchōng liànxí
补充 练习 / Additional exercises
補足練習 / 보충연습

Lǎngdú
一、朗读 / read aloud / 朗読 / 읽기

zěnme → zěnme zǒu → qù nàr zěnme zǒu
1. 怎么 → 怎么 走 → 去那儿怎么 走

wǎng → wǎng qián → wǎng qián zǒu → nǐ wǎng qián zǒu
2. 往 → 往 前 → 往 前 走 → 你 往 前 走

cóng → cóng zhèr → Cóng zhèr dào nàr → cóng zhèr dào nàr bù yuǎn.
3. 从 → 从 这儿 → 从 这儿到那儿 → 从 这儿到 那儿不 远。

Zǔ jù
二、组句 / Combine the following phrases into sentences / 以下の語を正しい順序にして文を作りなさい / 단어를 재배열하여 문장을 완성하시오

Nánjīng Lù qù   zǒu   zěnme
1. 南京路   去   走   怎么

hěn   cóng   dào   zhèr   nàr   yuǎn
2. 很   从   到   这儿   那儿   远

jǐ   dàgài   zǒu   fēnzhōng   yào
3. 几   大概   走   分钟   要

三、造句 / Make sentences with the following words or phrase / 作文 / 작문

Zào jù

1. 怎么 (zěnme)

2. 大概 (dàgài)

3. 从……到…… (cóng...dào...)

Dì-qī kè Xuéxí yǔ xuéxiào
第七课 学习与学校
Lesson 7   Learn and School
第七課　勉強と学校
제7과　공부 와 학교

Kèwén
课文 1 / Text 1
本文 1 / 본문 1

    Xiànzài, nǐ huì shuō Hànyǔ ma?
A：现在，你会说汉语吗？

    Xiànzài, wǒ huì shuō yìdiǎnr Hànyǔ.
B：现在，我会说一点儿汉语。

    Nǐ lái Zhōngguó yǐqián, xuéguo Hànyǔ ma?
A：你来中国以前，学过汉语吗？

    Lái Zhōngguó yǐqián, wǒ méiyǒu xuéguo Hànyǔ.
B：来中国以前，我没有学过汉语。

    Měitiān, lǎoshī jiāo nǐmen shénme?
A：每天，老师教你们什么？

    Měitiān, lǎoshī jiāo wǒmen kǒuyǔ.
B：每天，老师教我们口语。

    Nǐ juéde kǒuyǔ nán ma?
A：你觉得口语难吗？

    Wǒ juéde kǒuyǔ bú tài nán, dànshì fāyīn bǐjiào nán.
B：我觉得口语不太难，但是发音比较难。

    Nǐ měitiān dōu nǔlì xuéxí ma?
A：你每天都努力学习吗？

    Wǒ měitiān dōu nǔlì xuéxí.
B：我每天都努力学习。

词语 / Words / 語句 / 단어

Cíyǔ

1. 会	huì	to be able to 〜することが出来る ~를 할수 있다	
2. 说	shuō	to speak 言う、話す [동]말하다, 이야기하다	
3. 一点儿	yìdiǎnr	a little 少し [수량]조금, 약간	
4. 以前	yǐqián	before 以前 이전, 과거	
5. (动词+)过	[dòngcí(v.)]+ guo	indicates completion or past experience 〜した事がある [동](어떤 장소를)통과하다, 지나다, 경과하다	
6. 教	jiāo	to teach 教える [동]가르치다, 전수하다	
7. 口语	kǒuyǔ	spoken language 話し言葉 구어	
8. 觉得	juéde	to feel, to think 感じる、〜と思う ~라고 여기다(생각하다)	
9. 不太	bú tài	not too much あまり〜ではない 그다지 ~하지 않다	

10. 发音	fāyīn	pronunciation
		発音
		발음
11. 都	dōu	all
		全部、みんな
		모두
12. 努力	nǔlì	make great efforts
		努力する
		노력하다, 힘쓰다

Liànxí
练习 / Exercises
練習 / 연습

Tìhuàn liànxí
一、替换 练习 / Substitution drills / 言い換え練習 / 대환 연습

1. A: Nǐ huì shuō Yīngyǔ ma?
   你会说英语吗？
   Rìyǔ 日语
   Hánguóyǔ 韩国语

   B: Wǒ huì shuō yìdiǎnr Yīngyǔ.
   我会说一点儿英语。
   Rìyǔ 日语
   Hánguóyǔ 韩国语

2. A: Nǐ xuéguo Yīngyǔ ma?
   你学过英语吗？
   Rìyǔ 日语
   Hánguóyǔ 韩国语

   B: Wǒ méiyǒu xuéguo Yīngyǔ.
   我没有学过英语。
   Rìyǔ 日语
   Hánguóyǔ 韩国语

3. A：Nǐ juéde yǔfǎ nán ma?
    你 觉得 语法 难 吗？
         词语 cíyǔ
         汉字 Hànzì

   B：Wǒ juéde yǔfǎ bú tài nán.
    我 觉得 语法 不太 难。
         词语 比较 容易 cíyǔ bǐjiào róngyì
         汉字 很 难 Hànzì hěn nán

4. A：Lǎoshī jiāo nǐmen shénme?
    老师 教 你们 什么？

   B：Lǎoshī jiāo wǒmen yǔfǎ.
    老师 教 我们 语法。
              词语 cíyǔ

Bǔchōng cíyǔ
补充 词语 / Additional words / 補足単語 / 보충 단어

1. 语法　　　　yǔfǎ　　　　　　grammar
　　　　　　　　　　　　　　　　文法
　　　　　　　　　　　　　　　　어법, 문법

2. 词语　　　　cíyǔ　　　　　　words and expressions
　　　　　　　　　　　　　　　　単語、語句
　　　　　　　　　　　　　　　　단어

3. 容易　　　　róngyì　　　　　easy
　　　　　　　　　　　　　　　　簡単な、易しい
　　　　　　　　　　　　　　　　쉽다, 용이하다

Wánchéng duìhuà
二、完成 对话 / Complete the dialogue / 対話練習 / 완성 대화

1. A：Nǐ huì shuō_____ma?
    你 会 说_____吗？

   B：Wǒ huì shuō yìdiǎnr_____.
    我 会 说 一点儿_____。

   A：Yǐqián, nǐ xuéguo_____ma?
    以前，你 学过_____吗？

   B：Yǐqián, wǒ_____.
    以前，我_____。

短平快汉语

初级口语（1）

2. A：Měitiān, lǎoshī jiāo nǐmen shénme?
   每天，老师 教 你们 什么？

   B：Měitiān, lǎoshī jiāo wǒmen_____.
   每天，老师 教 我们_____。

   A：Nǐ juéde_____nán ma?
   你 觉得_____难 吗？

   B：Wǒ juéde_____, dànshì_____.
   我 觉得_____，但是_____。

   A：Nǐ měitiān dōu yǒu kè ma?
   你 每天 都 有课 吗？

   B：Wǒ měitiān dōu_____.
   我 每天 都_____。

三、快速 朗读 / Read out fast / 速読練習 / 빨리 읽기
Kuàisù lǎngdú

1. Wǒ lái Zhōngguó xué Hànyǔ, xiànzài huì shuō yìdiǎnr.
   我 来 中国 学 汉语，现在 会 说 一点儿。
   Yǐqián xuéguo Hànyǔ ma? Yǐqián xuéguo yìdiǎnr.
   以前 学过 汉语 吗？以前 学过 一点儿。

2. Hànyǔ kǒuyǔ nán bu nán? Hànyǔ kǒuyǔ bú tài nán.
   汉语 口语 难 不 难？汉语 口语 不太 难。
   Xiànzài lǎoshī jiāo wǒmen, wǒmen měitiān nǔlì xué.
   现在 老师 教 我们，我们 每天 努力 学。

四、说 一 说 / Speak / 言ってみましょう / 말해보기
Shuō yi shuō

Lái Zhōngguó yǐqián, wǒ méiyǒu xuéguo_____.
来 中国 以前，我 没有 学过_____。

Xiànzài, wǒ huì shuō_____Hànyǔ.
现在，我 会 说_____汉语。

Měitiān, lǎoshī jiāo wǒmen_____. Wǒ juéde_____nán, dànshì_____.
每天，老师 教 我们_____。我 觉得_____难，但是_____。

Wǒ hěn xǐhuan_____, měitiān wǒ dōu nǔlì_____.
我 很 喜欢_____，每天 我 都 努力_____。

Bǔchōng liànxí
补充 练习 / Additional exercises
補足練習 / 보충연습

Lǎngdú
一、朗读 / Read aloud / 朗読 / 읽기

1. yìdiǎnr → shuō yìdiǎnr → huì shuō yìdiǎnr → huì shuō yìdiǎnr Hànyǔ
   一点儿 → 说 一点儿 → 会 说 一点儿 → 会 说 一点儿 汉语
   → Wǒ huì shuō yìdiǎnr Hànyǔ.
   → 我 会 说 一点儿 汉语。

2. guo → xuéguo → xuéguo Hànyǔ → wǒ xuéguo Hànyǔ → Wǒ méiyǒu xuéguo Hànyǔ.
   过 → 学 过 → 学 过 汉语 → 我 学 过 汉语 → 我 没 有 学 过 汉语。

3. Jiāo → jiāo xuésheng → lǎoshī jiāo xuésheng → Lǎoshī jiāo xuésheng Hànyǔ.
   教 → 教 学生 → 老师 教 学生 → 老师 教 学生 汉语。

Zǔ jù
二、组句 / Combine the following phrases into sentences / 以下の語を正しい順序にして文を作りなさい / 단어를 재배열하여 문장을 완성하시오

1. bú   wǒ   shuō   Hànyǔ   huì
   不   我   说   汉语   会

2. guo   Hànyǔ   wǒ   xué   yìdiǎnr
   过   汉语   我   学   一点儿

3. Hànyǔ   lǎoshī   wǒmen   jiāo   kǒuyǔ
   汉语   老师   我们   教   口语

Zào jù
三、造句 / Make sentences with the following words or phrase / 作文 / 작문

1. huì + dòngcí (v.)...
   会 + 动词……

2. dòngcí (v.) + guo
   动词 + 过

3. dòngcí (v.) + yìdiǎnr
   动词 + 一点儿

课文 2 / Text 2
本文 2 / 본문 2

Kèwén

A：Xiànzài, nǐ zhù zài nǎr?
　　现在，你 住 在 哪儿？

B：Xiànzài, wǒ zhù zài xuéxiào de sùshè lǐ.
　　现在，我 住 在 学校 的 宿舍 里。

A：Nǐ zhù zài jǐ lóu? Duōshao hào fángjiān?
　　你 住 在 几 楼？ 多少 号 房间？

B：Wǒ zhù zài èr lóu, èryāowǔ hào fángjiān.
　　我 住 在 二 楼，215 号 房间。

A：Nǐ rènshi Zhōngguó xuésheng ma?
　　你 认识 中国 学生 吗？

B：Wǒ rènshi hěnduō Zhōngguó xuésheng.
　　我 认识 很多 中国 学生。

A：Nǐ chángcháng gēn tāmen shuō Hànyǔ ma?
　　你 常常 跟 他们 说 汉语 吗？

B：Wǒ chángcháng gēn tāmen shuō Hànyǔ.
　　我 常常 跟 他们 说 汉语。

A：Tāmen shuō Hànyǔ, nǐ néng tīngdǒng ma?
　　他们 说 汉语，你 能 听懂 吗？

B：Tāmen shuō Hànyǔ, wǒ néng tīngdǒng yìdiǎnr.
　　他们 说 汉语，我 能 听懂 一点儿。

Cíyǔ
词语 / Words / 語句 / 단어

1. 住　　　　　zhù　　　　　to live
　　住む
　　[동] 살다

2. 学校	xuéxiào	school 学校 학교
3. 宿舍	sùshè	dormitory 寮 기숙사
4. 里	lǐ	inside 〜の中 [명] 안, 속, 가운데
5. 楼	lóu	building, floor ビル 층
6. 房间	fángjiān	room 部屋 방
7. 很多	hěn duō	a lot of たくさんの 매우 많다
8. 常常	chángcháng	often いつも、常に 항상, 늘, 흔히
9. 跟	gēn	with 〜と [접] ~와 (대개 명사나 대명사를 병렬하며, 구어에 많이 쓰임)
A 跟 B + 动词……		A together with B does (v.) AとBが〜する A 와 B 가 함께~하다
10. 能	néng	can, to be able to 出来る [조동] ~할 수 있다, ~할 능력이 있다, ~할 줄 알다 [능력]

11. 听	tīng	to listen to, to hear
		聞く
		듣다
12. 懂	dǒng	to understand
		分かる
		[동] 알다, 이해하다

Liànxí
练习 / Exercises
練習 / 연습

一、Tìhuàn liànxí 替换 练习 / Substitution drills / 言い換え練習 / 대환 연습

1. A: Nǐ zhù zài nǎr? 你 住 在 哪儿？
   B: Wǒ zhù zài xuésheng sùshè. 我 住 在 学生 宿舍。
   wàibīn lóu 外宾 楼
   bīnguǎn 宾馆

2. A: Nǐ zhù zài jǐ lóu? Duōshao hào fángjiān? 你 住 在 几 楼？多少 号 房间？
   B: Wǒ zhù zài sān lóu, sānlíngbā hào fángjiān. 我 住 在 三 楼， 308 号 房间。
   sì 四   sìyāoliù 416
   wǔ 五   wǔqījiǔ 579

初级口语（1）

3. A： Nǐ chángcháng gēn tāmen shuō Yīngyǔ ma?
你　常常　跟　他们　说　英语　吗？
　　　　　　　　　　　　　Rìyǔ
　　　　　　　　　　　　　日语
　　　　　　　　　　　　　Hánguóyǔ
　　　　　　　　　　　　　韩国语

　B： Wǒ bù cháng gēn tāmen shuō Yīngyǔ.
我　不　常　跟　他们　说　英语。
　　　　　　　　　　　　　Rìyǔ
　　　　　　　　　　　　　日语
　　　　　　　　　　　　　Hánguóyǔ
　　　　　　　　　　　　　韩国语

4. A： Nǐ néng tīngdǒng Yīngyǔ ma?
你　能　听懂　英语　吗？
　　　　　　　Rìyǔ
　　　　　　　日语
　　　　　　　Hánguóyǔ
　　　　　　　韩国语

　B： Wǒ néng tīngdǒng yìdiǎnr Yīngyǔ.
我　能　听懂　一点儿　英语。
　　　　　　　　　　　Rìyǔ
　　　　　　　　　　　日语
　　　　　　　　　　　Hánguóyǔ
　　　　　　　　　　　韩国语

Bǔchōng cíyǔ
补充　词语 / Additional words / 補足単語 / 보충 단어

1. 外宾　　　　wàibīn　　　　　　　foreign guest
　　　　　　　　　　　　　　　　　外国からの客
　　　　　　　　　　　　　　　　　외빈, 외국 손님

2. 宾馆　　　　bīnguǎn　　　　　　hotel
　　　　　　　　　　　　　　　　　ホテル
　　　　　　　　　　　　　　　　　영빈관, 호텔

       Wánchéng duìhuà
二、完成　对话 / Complete the dialogue / 对话練習 / 완성 대화

         Xiànzài, nǐ zhù zài nǎr?
1. A：现在，你 住 在 哪儿？
     Wǒ zhù zài_____.
  B：我 住 在_____。

     Nǐ zhù zài jǐ lóu? Duōshao hào fángjiān?
  A：你 住 在几 楼？ 多少 号 房间？
     Wǒ zhù zài_____lóu,_____hào fángjiān.
  B：我 住 在_____楼，_____号 房间。

     Nǐ rènshi_____xuésheng ma?
2. A：你 认识_____学生 吗？
     Wǒ rènshi_____.
  B：我 认识_____。

     Nǐ chángcháng gēn tāmen shuō_____ma?
  A：你 常常 跟 他们 说_____吗？
     Wǒ_____gēn tāmen_____.
  B：我_____跟 他们_____。

     Tāmen shuō_____, nǐ néng tīngdǒng ma?
  A：他们 说_____，你 能 听懂 吗？
     Tāmen shuō_____, wǒ néng tīngdǒng_____.
  B：他们 说_____，我 能 听懂_____。

    Kuàisù lǎngdú
三、快速 朗读 / Read out fast / 速读練習 / 빨리 읽기

   Wǒ zài dàxué xué Hànyǔ, zhù zài xuéxiào sùshè lǐ.
  我 在大学 学 汉语，住 在 学校 宿舍 里。
   Wǒ yǒu hěn duō hǎo péngyou, cháng gēn tāmen shuō Hànyǔ.
  我 有 很 多 好 朋友，常 跟 他们 说 汉语。
   Zhōngguó péngyou shuō Hànyǔ, wǒ néng tīngdǒng yìdiǎnr.
  中国 朋友 说 汉语，我 能 听懂 一点儿。

初级口语（1）

四、说一说 / Speak / 言ってみましょう / 말해보기
Shuō yi shuō

Xiànzài, wǒ zài_____xuéxí Hànyǔ.
现 在，我 在_____学习 汉语。

Wǒ zhù zài_____,_____lóu,_____hào fángjiān.
我 住 在_____,_____楼,_____号 房间。

Wǒ rènshi_____, wǒ chángcháng gēn tāmen shuō_____.
我 认识_____,我 常 常 跟 他们 说_____。

Tāmen shuō_____, wǒ néng tīngdǒng.
他们 说_____,我 能 听 懂_____。

补充 练习 / Additional exercises
Bǔchōng liànxí
補足練習 / 보충연습

一、朗读 / Read aloud / 朗読 / 읽기
Lǎngdú

1. zhù → zhù zài → zhù zài sùshè lǐ → zhù zài xuéxiào de sùshè lǐ → Wǒ zhù zài xuéxiào de sùshè lǐ.
   住 → 住 在 → 住 在 宿舍 里 → 住 在 学校 的 宿舍 里 → 我 住 在 学校 的 宿舍 里。

2. gēn → wǒ gēn tā → wǒ gēn tā shuō → Wǒ gēn tā shuō Hànyǔ.
   跟 → 我 跟 他 → 我 跟 他 说 → 我 跟 他 说 汉语。

3. tīng → tīngdǒng → tīngdǒng le → Wǒ tīngdǒng le.
   听 → 听 懂 → 听 懂 了 → 我 听 懂 了。

4. néng → néng tīngdǒng → néng tīngdǒng yìdiǎr → wǒ néng tīngdǒng yìdiǎr
   能 → 能 听 懂 → 能 听 懂 一点儿 → 我 能 听 懂 一点儿
   → Wǒ néng tīngdǒng yìdiǎr Hànyǔ.
   → 我 能 听 懂 一点儿 汉语。

Zǔ jù
二、组句 / Combine the following phrases into sentences /
以下の語を正しい順序にして文を作りなさい /
단어를 재배열하여 문장을 완성하시오

	zhù	wǒ	xuéxiào	sùshè	zài	lǐ
1.	住	我	学校	宿舍	在	里

	wǒ	Hànyǔ	shuō	tāmen	gēn	chángcháng
2.	我	汉语	说	他们	跟	常常

	wǒ	tīng	yìdiǎr	néng	dǒng	Hànyǔ
3.	我	听	一点儿	能	懂	汉语

Zào jù
三、造句 / Make sentences with the following words or phrase /
作文 / 작문

A gēn B + dòngcí (v.)...
1. A 跟 B + 动词……

néng + dòngcí (v.)...
2. 能 + 动词……

Dì-bā kè Shēnghuó yǔ huánjìng
第八课　生活　与　环境
Lesson 8　Living and Environment
第八課　生活と環境

제 8 과　생활과 환경

Kèwén
课文 1 / Text 1
本文 1 / 본문 1

A：Xiànzài nǐ zhù zài shénme dìfang?
　　现在 你 住 在 什么 地方？
B：Wǒ zhù zài xuéxiào lǐ.
　　我 住 在 学校 里。
A：Nǐ juéde shēnghuó fāngbiàn ma?
　　你 觉得 生活 方便 吗？
B：Wǒ juéde shēnghuó hěn fāngbiàn, mǎi dōngxi hé zuò chē dōu hěn fāngbiàn.
　　我 觉得 生活 很 方便，买 东西 和 坐 车 都 很 方便。
A：Xuéxiào fùjìn yǒu chāoshì ma?
　　学校 附近 有 超市 吗？
B：Xuéxiào fùjìn yǒu yí gè chāoshì, kěyǐ mǎi dào hěn duō dōngxi.
　　学校 附近有一个 超市，可以买 到 很 多 东西。
A：Nǐ měitiān zài nǎr chīfàn?
　　你 每天 在 哪儿 吃饭？
B：Wǒ yǒushíhou zìjǐ zuò fàn, yǒushíhou qù xuéxiào de cāntīng.
　　我 有时候 自己 做饭，有时候 去 学校 的 餐厅。
A：Xuéxiào de cāntīng zěnmeyàng?
　　学校 的 餐厅 怎么样？
B：Xuéxiào de cāntīng hěn hǎo, cài de wèidao yě fēicháng hǎo.
　　学校 的 餐厅 很 好，菜 的 味道 也 非常 好。

词语 / Words / 語句 / 단어

1. 地方	dìfang	place 場所 장소, 곳
2. 生活	shēnghuó	living 生活 생활
3. 方便	fāngbiàn	convenient 便利 [형]편리하다
4. 附近	fùjìn	close to , nearby 近く 부근, 근처
5. 超市	chāoshì	supermarket スーパー 슈퍼마켓
6. 可以	kěyǐ	can 〜出来る、〜してもよろしい [조동] ~할 수 있다 ~해도 좋다 (기능、력 또는 허락)
7. 有时候	yǒushíhou	sometimes 時には 경우에 따라서(는), 때로(는), 이따금, 간혹
8. 自己	zìjǐ	oneself 自分 [대]자기, 자신
9. 做	zuò	to do 〜する [동]제조하다, 만들다, 짓다 ~를 하다

10. 餐厅	cāntīng	restaurant, dining-room レストラン 식당
11. 怎么样	zěnmeyàng	How about どんな、どのような/どんなに、どのように 어떠하냐, 어떻게, (성질, 상황, 방식 따위를 물음)
12. 味道	wèidao	taste 味 맛
13. 非常	fēicháng	very, highly とても、大変 매우

Liànxí
练习 / Exercises
練習 / 연습

Tìhuàn liànxí
一、替换 练习 / Substitution drills / 言い換え練習 / 대환 연습

1. A: Nǐ juéde jiāotōng fāngbiàn ma?
   你 觉得 交通 方便 吗？

   B: Wǒ juéde jiāotōng fēicháng fāngbiàn.
   我 觉得 交通 非常 方便。

   hěn
   很
   bǐjiào
   比较
   bú tài
   不太

2. A：你的房间里有什么？
   B：我的房间里有电话，还有电视机。

   冰箱 卫生间

3. A：每天上午，你在哪儿学习？

   下午 做什么

   B：我有时候在教室里学习，

   在房间里看电视

   有时候在宿舍里学习。

   去电影院看电影

4. A：这个学校怎么样？

   你的房间
   你学习
   这个饭店

   B：这个学校很大，也很漂亮。

   我的房间不太大，但是很干净。
   我学习很努力，我想学到很多汉语。
   这个饭店很好，可以吃到中国菜。

111

初级口语 (1)

Bǔchōng cíyǔ
补充 词语 / Additional words / 補足単語 / 보충 단어

1. 交通	jiāotōng	traffic 交通 교통
2. 电话	diànhuà	telephone 電話 전화
3. 电视机	diànshìjī	television テレビ 텔레비전
看电视	kàn diànshì	watch TV テレビを見る 텔레비전을 보다
4. 冰箱	bīngxiāng	refrigerator 冷蔵庫 냉장고
5. 卫生间	wèishēngjiān	toilet, bathroom トイレ 화장실
6. 电影院	diànyǐngyuàn	cinema 映画館 영화관
看电影	kàn diànyǐng	watch a film 映画を見る 영화를 보다
7. 大	dà	big 大きい、大きな 크다
8. 干净	gānjìng	clean きれい、清潔 깨끗하다

Wánchéng duìhuà

二、完成 对话 / Complete the dialogue / 对話練習 / 완성 대화

        Xiànzài nǐ zhù zài shénme dìfang?
1. A：现在 你 住 在 什么 地方？
        Wǒ zhù zài _____.
   B：我 住 在 _____。
        Nǐ juéde shēnghuó fāngbiàn ma?
   A：你 觉得 生活 方便 吗？
        Wǒ juéde shēnghuó_____, _____ hé _____ dōu _____ fāngbiàn.
   B：我 觉得 生活_____，_____和_____都_____方便。
        _____ fùjìn yǒu _____ ma?
   A：_____附近 有_____吗？
        _____ fùjìn yǒu _____, kěyǐ _____.
   B：_____附近 有_____，可以_____。

        Nǐ měitiān zài nǎr chī fàn?
2. A：你 每天 在 哪儿 吃饭？
        Wǒ yǒushíhou _____, yǒushíhou _____.
   B：我 有时候 _____，有时候 _____。
        _____ zěnmeyàng?
   A：_____怎么样？
   B：_____。

Kuàisù lǎngdú

三、快速 朗读 / Read out fast / 速読練習 / 빨리 읽기

Nǐ zài nǎr xué Hànyǔ? Wǒ zài Zhōngguó xué Hànyǔ.
你 在 哪儿 学 汉语？ 我 在 中国 学 汉语。
Juéde shēnghuó fāngbiàn ma? Juéde shēnghuó hěn fāngbiàn.
觉得 生活 方便 吗？ 觉得 生活 很 方便。
Zìjǐ zuò fàn bú zuò fàn? Yǒu de shíhou zìjǐ zuò, yǒude shíhou qù cāntīng.
自己 做 饭 不 做 饭？ 有 的 时候 自己 做，有 的 时候 去 餐厅。
Cāntīng de cài zěnmeyàng? Cài de wèidao fēicháng hǎo.
餐厅 的 菜 怎么样？ 菜 的 味道 非常 好。

短平快汉语
初级口语（1）

Shuō yi shuō
四、说一说 / Speak / 言ってみましょう / 말해보기

Xiànzài Wǒ zhùzài_____.
现在 我 住在_____。

Zài zhèr, wǒ juéde shēnghuó_____ fāngbiàn, xuéxiào fùjìn yǒu_____,
在这儿,我 觉得 生活_____ 方便， 学校 附近有_____,

háiyǒu_____,kěyǐ mǎidào_____, hái kěyǐ chī dào_____.
还有_____,可以 买到_____,还 可以 吃到_____。

Měitiān,wǒ yǒushíhou_____, yǒushíhou_____.
每天,我 有时候_____, 有时候_____。

Bǔchōng liànxí
补充 练习 / Additional exercises
補足練習 / 보충연습

Lǎngdú
一、朗读 / Read aloud / 朗読 / 읽기

    zěnmeyàng → cāntīng zěnmeyàng → Zhège cāntīng zěnmeyàng?
1. 怎么样 → 餐厅 怎么样 → 这个 餐厅 怎么样？

    yǒushíhou → yǒushíhou qù → yǒushíhou qù chāoshì → wǒ yǒushíhou qù chāoshì
2. 有时候 → 有时候 去 → 有时候 去 超市 → 我 有时候 去 超市
    → Wǒ yǒushíhou qù chāoshì mǎi dōngxi.
    → 我 有时候 去 超市 买 东西。

Zǔ jù
二、组句 / Combine the following words into sentences /
以下の語を正しい順序にして文を作りなさい /
단어를 재배열하여 문장을 완성하시오

    wǒ   shēnghuó   juéde   fāngbiàn   hěn
1. 我   生活   觉得   方便   很

2. 我(wǒ) 买(mǎi) 很多(hěnduō) 到(dào) 东西(dōngxi)

3. 觉得(juéde) 你(nǐ) 那个(nàge) 怎么样(zěnmeyàng) 饭店(fàndiàn)

三、造句(Zào jù) / Make sentences with the following word or phrase / 作文 / 작문

1. 可以(kěyǐ)

2. 有时候(yǒushíhou)……，有时候(yǒushíhou)……。

3. 怎么样(zěnmeyàng)

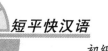

初级口语 (1)

Kèwén
课文 2 / Text 2
本文 2 / 본문 2

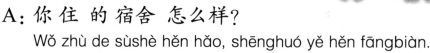

A: Nǐmen dàxué de huánjìng zěnmeyàng?
你们 大学 的 环境 怎么样?

B: Wǒmen dàxué de huánjìng hěn yōuměi,
我们 大学 的 环境 很 优美,
yǒu hěn duō piàoliang de huār hé shù.
有 很 多 漂亮 的 花儿 和 树。

A: Nǐ zhù de sùshè zěnmeyàng?
你 住 的 宿舍 怎么样?

B: Wǒ zhù de sùshè hěn hǎo, shēnghuó yě hěn fāngbiàn.
我 住 的 宿舍 很 好, 生活 也 很 方便。

A: Xuéxí de huánjìng zěnmeyàng?
学习 的 环境 怎么样?

B: Xuéxí de huánjìng yě hěn hǎo, wǒ hái rènshile yìxiē Zhōngguó xuésheng.
学习 的 环境 也 很 好, 我 还 认识了 一些 中国 学生。

A: Tāmen shuō Hànyǔ, nǐ tīng de dǒng ma?
他们 说 汉语, 你 听 得 懂 吗?

B: Wǒ yǒushíhou tīng de dǒng, yǒushíhou tīng bù dǒng.
我 有时候 听 得 懂, 有时候 听 不 懂。

A: Nǐ yīnggāi duō shuō, duō tīng, duō liànxí.
你 应该 多 说, 多 听, 多 练习。

B: Duì, wǒ yídìng yào duō shuō, duō tīng, duō liànxí.
对, 我 一定 要 多 说, 多 听, 多 练习。

词语 / Words / 語句 / 단어
Cíyǔ

1. 大学	dàxué	university, college 大学 대학(교)	
2. 环境	huánjìng	environment 環境 환경	
3. 优美	yōuměi	graceful 優美 우아하고 아름답다	
4. 漂亮	piàoliang	beautiful 綺麗 (용모, 옷 등이)아름답다, 보기좋다	
5. 花儿	huār	flower 花 꽃	
6. 树	shù	tree 木 나무	
7. 一些	yìxiē	some 少し、いくつかの 약간	
8. (动词＋)得	[dòngcí(v.)]+de	indicating the result of an action （動詞形容詞の後に用い）結果・程度を表す補語を導く [조]동사 뒤에 쓰여 가능, 결과를 나타낸다	
9. 应该	yīnggāi	should 〜でなければならない、〜べきである [조동]마땅히~해야 한다	

117

初级口语 (1)

10. 多	duō	more, many, much	
		多い	
		(수량이) 많다	
11. 练习	liànxí	to practice	
		練習	
		연습하다	
12. 对	duì	right	
		正しい、間違いない	
		맞다, 옳다	
13. 一定	yídìng	must	
		必ず・きっと・絶対に	
		반드시, 필히, 꼭	

Liànxí

练习 / Exercises

 練習 / 연습

Tìhuàn liànxí

一、替换 练习 / Substitution drills / 言い換え練習 / 대환 연습

Zhège dàxué de huánjìng zěnmeyàng?
1. A: 这个 大学 的 环境 怎么样？

Zhège dàxué de huánjìng hěn yōuměi, yě fēicháng gānjìng.
B: 这个 大学 的 环境 很 优美，也 非常 干净。

Nǐ tīng de dǒng Hànyǔ ma? Wǒ tīng bù dǒng Hànyǔ.
2. A: 你 听 得 懂 汉语 吗？ B: 我 听 不 懂 汉语。

Rìyǔ		Rìyǔ
日语		日语
Hánguóyǔ		Hánguóyǔ
韩国语		韩国语
Yīngyǔ		Yīngyǔ
英语		英语

A：Nǐ kàn de dǒng Zhōngwén ma?　　B：Wǒ kàn bù dǒng Zhōngwén.
你 看 得 懂 中文 吗？　　我 看 不 懂 中文。

Rìwén	Rìwén
日文	日文
Hánguówén	Hánguówén
韩国文	韩国文
Yīngwén	Yīngwén
英文	英文

3. A：Nǐ yīnggāi duō shuō Hànyǔ.
你 应 该 多 说 汉语。

duō tīng Hànyǔ
多 听 汉语
duō kàn Zhōngwén
多 看 中文
duō xiě Hànzì
多 写 汉字

B：Duì, wǒ yídìng yào duō shuō Hànyǔ.
对，我 一 定 要 多 说 汉语。

duō tīng Hànyǔ
多 听 汉语
duō kàn Zhōngwén
多 看 中文
duō xiě Hànzì
多 写 汉字

Bǔchōng cíyǔ
补充词语 / Additional words / 補足単語 / 보충 단어

1. 中文　　　　Zhōngwén　　　　Chinese
中国語
중국어

2. 日文　　　　Rìwén　　　　Japanese
日本語
일본어

初级口语（1）

3. 韩国文	Hánguówén	Korean 韓国語 한국어
4. 英文	Yīngwén	English 英語 영어
5. 写	xiě	to write 書く 쓰다

Wánchéng duìhuà
二、完成 对话 / Complete the dialogue / 对話練習 / 완성 대화

Nǐmen dàxué de huánjìng zěnmeyàng?
1. A：你们 大学 的 环境 怎么样？
　　　Wǒmen dàxué de huánjìng_____.
　　B：我们 大学 的 环境_____。

　　　Nǐ zhù de sùshè zěnmeyàng?
　　A：你 住 的宿舍 怎么样？
　　　Wǒ zhù de sùshè_____, shēnghuó_____.
　　B：我 住 的宿舍_____，生活_____。

　　　Zài zhège dàxué, xuéxí de huánjìng zěnmeyàng?
2. A：在 这个大学, 学习 的 环境 怎么样？
　　　Xuéxí de huánjìng_____, wǒ hái rènshile yìxiē_____.
　　B：学习 的 环境_____，我还 认识了 一些_____。

　　　Tāmen shuō _____, nǐ tīng de dǒng ma?
　　A：他们 说 _____，你听得 懂 吗？
　　　Wǒ yǒushíhou_____, yǒushíhou_____.
　　B：我 有时候_____，有时候_____。

　　　Nǐ yīnggāi duō_____, duō_____, duō_____.
　　A：你 应该 多_____，多_____，多_____。
　　　Duì, wǒ yídìng yào duō_____, duō_____, duō_____.
　　B：对, 我 一定 要多_____，多_____，多_____。

Kuàisù lǎngdú
三、快速 朗读 / Read out fast / 速読練習 / 빨리 읽기

1. Xuéxiào huánjìng zěnmeyàng? Xuéxiào huánjìng hěn yōuměi.
   学校 环境 怎么样？学校 环境 很 优美。
   Xuéxí huánjìng zěnmeyàng? Xuéxí huánjìng yě hěn hǎo.
   学习 环境 怎么样？学习 环境 也 很 好。

2. Nǐ néng tīngdǒng Hànyǔ ma?
   你 能 听懂 汉语 吗？
   Yǒu de shíhou tīng de dǒng, yǒu de shíhou tīng bù dǒng.
   有 的 时候 听 得 懂，有 的 时候 听 不 懂。
   xuéxí yídìng yào nǔlì, wǒ yào duō shuō duō liànxí.
   学习 一定 要 努力，我 要 多 说 多 练习。

Shuō yi shuō
四、说 一 说 / Speak / 言ってみましょう / 말해보기

Wǒ zài＿＿＿＿＿＿xuéxí Hànyǔ, Zhège xuéxiào de huánjìng＿＿＿＿＿,
我 在＿＿＿＿＿＿学习 汉语，这个 学校 的 环境＿＿＿＿＿，
xuéxí de huánjìng yě＿＿＿＿＿.
学习 的 环境 也＿＿＿＿＿。
Xiànzài, wǒ rènshi le yìxiē＿＿＿＿＿, wǒ chángcháng gēn tāmen
现在，我 认识 了 一些＿＿＿＿＿，我 常常 跟 他们
shuō＿＿＿＿＿.
说＿＿＿＿＿。
Xiànzài, wǒ huì shuō＿＿＿＿＿, yě tīng de dǒng＿＿＿＿＿,
现在，我 会 说＿＿＿＿＿，也 听 得 懂＿＿＿＿＿，
wǒ hái yào duō＿＿＿＿＿.
我 还 要 多＿＿＿＿＿。

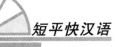

初级口语（1）

Bǔchōng liànxí
补充 练习 / Additional exercises
補足練習 / 보충연습

Lǎngdú
一、朗读 / Read aloud / 朗読 / 읽기

1. dé → tīng de dǒng → tīng de dǒng yìdiǎnr → wǒ tīng de dǒng yìdiǎnr → Wǒ tīng de dǒng yìdiǎnr Hànyǔ.
   得 → 听得懂 → 听得懂 一点儿 → 我听得懂 一点儿 → 我听得懂 一点儿 汉语。

2. yīnggāi → yīnggāi liànxí → yīnggāi liànxí kǒuyǔ → Wǒ yīnggāi liànxí kǒuyǔ.
   应该 → 应该练习 → 应该 练习 口语 → 我 应该 练习 口语。

3. duō → duō shuō → duō shuō Hànyǔ → yīnggāi duō shuō Hànyǔ → Nǐ yīnggāi duō shuō Hànyǔ.
   多 → 多说 → 多 说 汉语 → 应该 多 说 汉语 → 你应该 多 说 汉语。

Zǔ jù
二、组句 / Combine the following words into sentences / 括弧内の単語を使って疑問文に変えなさい / 괄호 안의 단어를 사용하여, 문장을 바꿔 쓰시오

1. rènshi wǒ le yìxiē péngyou Zhōngguó
   认识 我 了 一些 朋友 中国

2. xuéxiào lǐ piàoliang yǒu huā hěnduō de
   学校   里   漂亮   有   花   很多   的

3. wǒ tīng yìdiǎnr de dǒng Hànyǔ
   我   听   一点儿   得   懂   汉语

122

    yídìng wǒ duō kǒuyǔ liànxí yào
4. 一定　　我　　多　　口语　　练习　　要

  Zào jù
三、造句 / Make sentences with the following words or phrases /
  作文 / 작문

  yīnggāi
1. 应该

  yídìng
2. 一定

  tīng de (bù) dǒng
3. 听 得 (不) 懂

  kàn de (bù) dǒng
4. 看 得 不 懂

Dì-jiǔ kè　Cānguān yǔ yóulǎn
第九课　参观　与　游览
Lesson 9　Visit and Sight-seeing
第九課　見学と観光
제9과　견학과 유람

Kèwén
课文 1 / Text 1
本文 1 / 본문 1

　　Nǐ zài zuò shénme?
A：你在做什么？
　　Wǒ zài kàn dìtú.
B：我在看地图。
　　Nǐ yào qù nǎr?
A：你要去哪儿？
　　Wǒ yào qù cānguān bówùguǎn.
B：我要去参观博物馆。
　　Nǐ gēn shéi yìqǐ qù?
A：你跟谁一起去？
　　Wǒ gēn wǒ de tóngxué yìqǐ qù.
B：我跟我的同学一起去。
　　Nǐmen zěnme qù nàr?
A：你们怎么去那儿？
　　Wǒmen zǒu lù qù nàr.
B：我们走路去那儿。
　　Nǐmen wèishénme zǒu lù qù?
A：你们为什么走路去？
　　Yīnwèi cóng zhèr dào nàr hěn jìn, kěnéng zhǐ yào zǒu yí kè zhōng.
B：因为从这儿到那儿很近，可能只要走一刻钟。

词语 / Words / 語句 / 단어

	Cíyǔ		
1.	地图	dìtú	map 地図 지도
2.	参观	cānguān	to visit 見学する [명][동]참관(하다), 견학(하다)
3.	博物馆	bówùguǎn	museum 博物館 박물관
4.	同学	tóngxué	classmate クラスメート 동창, 학우, 동급생
5.	一起	yìqǐ	together 一緒に 같이, 더불어, 함께
6.	走路	zǒu lù	to walk 歩く 걷다, 길을 가다
7.	为什么	wèishénme	why なぜ・どうして 무엇때문에, 왜, 어째서
8.	因为	yīnwèi	because ～なので・～だから ～때문에
9.	近	jìn	near 近い [형]가깝다
10.	可能	kěnéng	perhaps, maybe かもしれない・らしい 아마도, 아마

初级口语 (1)

11. 只　　　　　zhǐ　　　　　only
　　　　　　　　　　　　　一つだけの
　　　　　　　　　　　　　겨우, 단지, 다만, 오직

Liànxí
练习 / Exercises
練習 / 연습

Tìhuàn liànxí
一、替换 练习 / Substitution drills / 言い換え練習 / 대환 연습

　　　　　Míngtiān nǐ yào qù nǎr?
1. A：明天 你 要 去 哪儿？

　　　　　Wǒ yào qù cānguān yí gè　túshūguǎn.
　B：我 要 去 参观 一个　图书馆。
　　　　　　　　　　　　　　　　xiàoyuán
　　　　　　　　　　　　　　　　校园
　　　　　　　　　　　　　　　　gōngsī
　　　　　　　　　　　　　　　　公司
　　　　　　　　　　　　　　　　zhǎnlǎnguǎn
　　　　　　　　　　　　　　　　展览馆

　　　　　Nǐ gēn shéi yìqǐ qù cānguān　túshūguǎn?
2. A：你 跟 谁 一起 去 参观　图书馆？
　　　　　　　　　　　　　　　　xiàoyuán
　　　　　　　　　　　　　　　　校园

　　　　　Wǒ gēn Zhōngguó xuésheng yìqǐ qù.
　B：我 跟 中国 学生 一起 去。
　　　　　　wǒ de péngyou
　　　　　　我的 朋友

126

3. A：
　　Nǐmen zěnme qù nàge gōngsī?
　　你们 怎么 去 那个 公司？
　　　　　　　　　　 zhǎnlǎnguǎn
　　　　　　　　　　 展览馆

B：
　　Wǒmen kěnéng zuò chūzū qìchē qù.
　　我们 可能 坐 出租 汽车 去。
　　　　　　　　 gōnggòng qìchē
　　　　　　　　 公共 汽车

4. A：
　　Nǐ wèishénme zuò chūzū qìchē qù?
　　你 为什么 坐 出租 汽车 去？
　　　　　　　　 gōnggòng qìchē
　　　　　　　　 公共 汽车

B：
　　Yīnwèi wǒ bú rènshi lù.
　　因为 我 不 认识 路。
　　　　zuò chūzū qìchē hěn fāngbiàn
　　　　坐 出租汽车 很 方便
　　　　zuò gōnggòng qìchē hěn piányi
　　　　坐 公共 汽车 很 便宜
　　　　zhǐ yào zuò liǎng zhàn jiù kěyǐ dào
　　　　只要 坐 两 站 就 可以 到

Bǔchōng cíyǔ
补充 词语 / Additional words / 補足単語 / 보충 단어

1. 校园　　　xiàoyuán　　　campus
　　　　　　　　　　　　　キャンパス
　　　　　　　　　　　　　캠퍼스, 교정

2. 公司　　　gōngsī　　　　company
　　　　　　　　　　　　　会社
　　　　　　　　　　　　　회사

3. 展览馆　　zhǎnlǎnguǎn　 exhibition hall
　　　　　　　　　　　　　展覽館
　　　　　　　　　　　　　전시관

短平快汉语

初级口语（1）

二、完成对话 / Complete the dialogue / 对话練習 / 완성 대화

          Míngtiān, nǐ yào qù nǎr?
1. A：明天，你要去哪儿？
          Wǒ yào qù cānguān_____.
   B：我要去参观_____。
          Nǐ gēn shéi yìqǐ qù?
   A：你跟谁一起去？
          Wǒ gēn_____.
   B：我跟_____。

          Nǐ zěnme qù nàr?
2. A：你怎么去那儿？
          Wǒ_____qù nàr.
   B：我_____去那儿。
          Nǐ wèishénme_____qù?
   A：你为什么_____去？
          Yīnwèi_____.
   B：因为_____。
          Nǐ shénme shíhou qù nàr?
   A：你什么时候去那儿？
          Wǒ kěnéng_____qù.
   B：我可能_____去。

三、快速朗读 / Read out fast / 速読練習 / 빨리 읽기

     Nǐ zài zuò shénme? Wǒ zài kàn dìtú.
1. 你在做什么？我在看地图。
   Míngtiān nǐ yào qù nǎr? Wǒ yào cānguān bówùguǎn.
   明天你要去哪儿？我要参观博物馆。
   Nǐ xiǎng gēn shéi yìqǐ qù? Wǒ gēn tóngxué yìqǐ qù.
   你想跟谁一起去？我跟同学一起去。

2. 你们 什么 时候 去？我们 明天 早上 去。
Nǐmen shénme shíhou qù? Wǒmen míngtiān zǎoshang qù.

你们 怎么 去 那儿？
Nǐmen zěnme qù nàr?

我们 走路 去 那儿，可能 只要 一刻 钟。
Wǒmen zǒu lù qù nàr, kěnéng zhǐ yào yí kè zhōng.

四、说 一 说 / Speak / 言ってみましょう / 말해보기
Shuō yi shuō

明天，我 要 去 参观＿＿＿＿＿，我 跟＿＿＿＿＿一起 去。
Míngtiān, wǒ yào qù cānguān＿＿＿, wǒ gēn＿＿＿yìqǐ qù.

我们 可能＿＿＿＿＿去 那儿，因为＿＿＿＿＿。
Wǒmen kěnéng＿＿＿qù nàr, yīnwèi＿＿＿.

补充 练习 / Additional exercises
Bǔchōng liànxí
補足練習 / 보충연습

一、朗读 / Read aloud / 朗読 / 읽기
Lǎngdú

1. 在→在看→在看地图→我 在 看 地图。
zài → zài kàn → zài kàn dìtú → Wǒ zài kàn dìtú.

2. 跟……一起→我 跟 他 一起→我 跟 他 一起去 → 我 跟 他一起 去 博物馆。
gēn... yìqǐ → wǒ gēn tā yìqǐ → wǒ gēn tā yìqǐ qù → Wǒ gēn tā yìqǐ qù bówùguǎn.

3. 可能 → 可能 去 → 可能 去 博物馆 → 我 可能 去 博物馆。
kěnéng → kěnéng qù → kěnéng qù bówùguǎn → Wǒ kěnéng qù bówùguǎn.

4. 只 → 只要 → 只要 走 一刻 钟
zhǐ → zhǐ yào → zhǐ yào zǒu yí kè zhōng

短平快汉语
初级口语 (1)

二、组句 / Combine the following phrases into sentences /
以下の語を正しい順序にして文を作りなさい /
단어를 재배열하여 문장을 완성하시오

1. zài / nǐ / shénme / zuò?
   在　　你　　什么　　做？

2. nǐ / shéi / qù / bówùguǎn / gēn / yìqǐ
   你　　谁　　去　　博物馆　　跟　　一起

3. cóng / zhèr dào nàr / wǔ fēnzhōng / zǒu / zhǐ yào / kěnéng
   从　　这儿到那儿　　五分钟　　走　　只要　　可能

三、造句 / Make sentences with the following words or phrase /
作文 / 작문

1. kěnéng
   可能

2. A gēn B　yìqǐ ＋ dòngcí (v.)...
   A 跟 B 一起 ＋ 动词……

Kèwén
课文 2 / Text 2
本文 2 / 본문 2

A: Lái Shànghǎi yǐhòu, nǐ yóulǎn guo shénme dìfang?
来 上海 以后,你 游览 过 什么 地方?

B: Wǒ lái Shànghǎi yǐhòu, wǒ yóulǎn guo Yùyuán.
我 来 上海 以后,我 游览 过 豫园。

A: Nǐ shì shénme shíhou qù de?
你 是 什么 时候 去 的?

B: Wǒ shì qiántiān qù de.
我 是 前天 去 的。

A: Nǐ shì zěnme qù de?
你 是 怎么 去 的?

B: Wǒ shì qí zìxíngchē qù de.
我 是 骑 自行车 去 的。

A: Nǐ juéde Yùyuán zěnmeyàng?
你 觉得 豫园 怎么样?

B: Wǒ juéde Yùyuán hěn rènao, yě fēicháng yǒu yìsi.
我 觉得 豫园 很 热闹,也 非常 有意思。

A: Nǐ zài nàr zhào xiàng le ma?
你 在 那儿 照 相 了吗?

B: Wǒ zài nàr zhào xiàng le, míngtiān wǒ gěi nǐ kànkan zhàopiàn.
我 在 那儿 照 相 了,明天 我 给 你 看看 照片。

短平快汉语
初级口语 (1)

词语 / Words / 語句 / 단어
Cíyǔ

1. 以后	yǐhòu	after, later 〜の後 이후, 금후
2. 游览	yóulǎn	to go sightseeing 観光する 유람하다, 여행가다, 놀러가다
3. 地方	dìfang	place 場所 지방
4. 是……的	shì...de	It was...that... 〜のだ、〜のである 은...이다
5. 骑	qí	to ride 乗る 타다
6. 自行车	zìxíngchē	bike 自転車 자전거
7. 热闹	rènao	lively にぎやかである 번화하다, 시끌 벅쩍 하다.
8. 有意思	yǒu yìsi	interesting 面白い 재미있다
9. 照相	zhào xiàng	to take pictures 写真を撮る 사진을 찍다
10. 照片	zhàopiàn	photo 写真 사진

132

Zhuānmíng
专名 / Proper nouns / 固有名詞 / 고유명사

1. 豫园　　　　　　　　yùyuán　　　　　Yuyuan Garden
　　　　　　　　　　　　　　　　　　　　豫園
　　　　　　　　　　　　　　　　　　　　예원

Liànxí
练习 / Exercises
練習 / 연습

Tìhuàn liànxí
一、替换 练习 / Substitution drills / 言い換え練習 / 대환 연습

　　　Lái Běijīng yǐhòu, nǐ yóulǎnguo shénme dìfang?
A：来 北京 以后，你 游览 过 什么 地方？
　　　Lái Běijīng yǐhòu, wǒ yóulǎnguo Gùgōng.
B：来 北京 以后，我 游览 过 故宫。
　　　　　　　　　　　　　　　　　Chángchéng
　　　　　　　　　　　　　　　　　长城

　　Nǐ shì shénme shíhou qù de?　　　Wǒ shì shàng ge yuè qù de.
A：你 是 什么 时候 去 的？　B：我 是 上 个 月 去 的。
　　　　　　　　　　　　　　　　　shàng ge xīngqī
　　　　　　　　　　　　　　　　　上 个 星期

　　Nǐ shì zěnme qù de?　　　　Wǒ shì zuò qìchē qù de.
A：你 是 怎么 去 的？　B：我 是 坐 汽车 去 的。
　　　　　　　　　　　　　　　　huǒchē
　　　　　　　　　　　　　　　　火车

短平快汉语

初级口语（1）

A：Nǐ shì cóng nǎr qù de?
你 是 从 哪儿 去 的？

B：Wǒ shì cóng xuéxiào qù de.
我 是 从 学校 去 的。
　　　　　jiā lǐ
　　　　　家里

二、完成对话 / Complete the dialogue / 对话練習 / 완성 대화
Wánchéng duìhuà

1. A：Lái Zhōngguó yǐhòu, nǐ yóulǎn guo shénme dìfang?
   来 中国 以后，你 游览 过 什么 地方？

   B：Lái Zhōngguó yǐhòu, wǒ yóulǎn guo＿＿＿＿＿＿＿.
   来 中国 以后，我 游览 过＿＿＿＿＿＿＿。

   A：Nǐ shì shénme shíhou qù de?
   你 是 什么 时候 去 的？

   B：Wǒ shì＿＿＿＿＿＿＿＿＿＿＿＿＿＿＿＿＿＿de.
   我 是＿＿＿＿＿＿＿＿＿＿＿＿＿＿＿＿＿＿的。

   A：Nǐ shì zěnme qù de?
   你 是 怎么 去 的？

   B：Wǒ shì＿＿＿＿＿＿＿＿＿＿＿＿＿＿＿＿＿qù de.
   我 是＿＿＿＿＿＿＿＿＿＿＿＿＿＿＿＿＿去 的。

2. A：Nǐ juéde nàr zěnmeyàng?
   你 觉得 那儿 怎么样？

   B：Wǒ juéde nàr＿＿＿＿＿＿＿＿＿＿＿＿＿＿＿＿.
   我 觉得 那儿＿＿＿＿＿＿＿＿＿＿＿＿＿＿＿＿。

   A：Nǐ zài nàr＿＿＿＿＿＿＿＿＿＿＿＿＿＿＿＿le ma?
   你 在 那儿＿＿＿＿＿＿＿＿＿＿＿＿＿＿＿＿了吗？

   B：Wǒ zài nàr＿＿＿＿＿＿＿＿＿＿＿＿＿＿＿＿le.
   我 在 那儿＿＿＿＿＿＿＿＿＿＿＿＿＿＿＿＿了。

三、快速朗读 / Read out fast / 速読練習 / 빨리 읽기
Kuàisù lǎngdú

1. Nǐ lái Shànghǎi hòu, yóulǎn guo nǎr?
   你 来 上海 后，游览 过 哪儿？

   Wǒ lái Shànghǎi hòu, yóulǎn guo Yùyuán.
   我 来 上海 后，游览 过 豫园。

第九课　参观与游览

　　Nàr　zěnmeyàng? Nàr　hěn rènao, fēicháng yǒu yìsi.
　　那儿　怎么样？那儿　很　热闹，非常　有意思。
　　Wǒ zài nàr　zhào xiàng le,　míngtiān gěi nǐ　kàn zhàopiàn.
　　我 在 那儿　照　相　了，明天　给 你 看　照 片。

　　　　Nǐ　shì shénme shíhou　qù　de? Wǒ shì zuótiān qù　de.
2. 你 是 什么　时候 去 的？我 是 昨天 去 的。
　　　　Nǐ　shì cóng nǎr　　qù de?　Wǒ shì cóng xuéxiào qù　de.
　　你 是 从　哪儿 去 的？我 是 从　学校 去 的。
　　　　Nǐ　shì zěnme qù de?　Wǒ shì zuò chē qù de.
　　你 是 怎么 去 的？我 是 坐 车 去 的。

　　shuō yi Shuō
四、说 一 说 / Speak / 言ってみましょう / 말해보기

　　Wǒ lái_____yǐhòu,　yóulǎnguo_____.
　　我 来_____以后，游览过_____。
　　Wǒ shì_____qù de.　Wǒ juéde nàr_____,
　　我 是_____去 的。我 觉得 那儿_____，
　　wǒ hái zài nàr_____le.
　　我 还 在 那儿_____了。

　　　　　　Bǔchōng liànxí
　　　　　　补充　练习 / Additional exercises
　補足練習 / 보충연습

Lǎngdú
一、朗读 / Read aloud / 朗読 / 읽기

　　　　guo → qùguo → qùguo Yùyuán → Wǒ qùguo Yùyuán.
1. 过 → 去过 → 去过 豫园 → 我 去过 豫园。

　　　　shì... de → shì zuótiān lái de → wǒ shì zuótiān lái de → Wǒ shì zuótiān
2. 是……的→ 是 昨天 来 的 → 我 是 昨天 来 的→ 我 是 昨天

短平快汉语

初级口语（1）

zuò qìchē lái de.
坐汽车来的。

zhào xiàng → zhào xiàng le → zài nàr zhào xiàng le → Wǒ zài nàr zhào xiàng le.
3. 照相 → 照相了 → 在那儿照相了 → 我在那儿照相了。

Zǔ jù
二、组句 / Combine the following words into sentences /
以下の語を正しい順序にして文を作りなさい /
단어를 재배열하여 문장을 완성하시오

shì	nǐ	shénme	lái	shíhou	de	Zhōngguó
1. 是　你　什么　来　时候　的　中国

nǐ	zěnme	shì	de	Zhōngguó	lái
2. 你　怎么　是　的　中国　来

yóulǎn	nǐ	shénme	guo	dìfang
3. 游览　你　什么　过　地方

Zào jù
三、造句 / Make sentences with the following words or phrases /
作文 / 작문

dòngcí (v.)+ guo...
1. 动词 + 过……

shì... de
2. 是……的

yǒuyìsi
3. 有意思

136

Dì-shí kè Fǎngwèn yǔ zuòkè
第十课　访问　与 做客
Lesson 10　Visit and Be a Guest in Someone's House
第十課　　訪問ともてなし
제 10 과　방문 과 초대

Kèwén
课文 1 / Text 1
本文 1 / 본문 1

A： Nǐ fǎngwèn guo Zhōngguó jiātíng ma?
　　你 访问 过　中国　家庭 吗？

B： Wǒ méiyǒu fǎngwèn guo Zhōngguó jiātíng, dànshì wǒ hěn xiǎng qù.
　　我 没有　访问　过　中国　家庭，但是 我 很 想　去。

A： Nǐ wèishénme xiǎng fǎngwèn Zhōngguó jiātíng?
　　你 为什么　想　访问　中国　家庭？

B： Yīnwèi wǒ xiǎng liǎojiě Zhōngguó rén de shēnghuó, suǒyǐ wǒ xiǎng qù.
　　因为 我 想　了解　中国　人 的　生活，所以 我 想 去。

A： Rúguǒ nǐ yǒu Zhōngguó péngyou, nǐ kěyǐ qù tā jiā zuòkè.
　　如果　你 有　中国　朋友，你可以去他家做客。

B： Wǒ qù tā jiā de shíhou, yào dài yìxiē lǐwù ma?
　　我 去他家的 时候，要 带 一些　礼物 吗？

A： Nǐ qù tā jiā de shíhou,
　　你去他 家的 时候，
　　zhǐ yào dài xiǎo lǐwù jiù xíng le.
　　只要 带 小 礼物 就行了。

B： Rúguǒ wǒ xiǎng zhīdào tā jiā de qíngkuàng, wǒ kěyǐ wèn tā ma?
　　如果 我 想　知道他家的　情况，我可以问 他 吗？

A： Kěyǐ, nǐ kěyǐ qǐng tā gàosu nǐ.
　　可以，你可以请 他 告诉你。

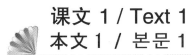

短平快汉语
初级口语（1）

Cíyǔ
词语 / Words / 語句 / 단어

1. 访问	fǎngwèn	to visit, to call on 訪問する 방문하다
2. 家庭	jiātíng	family, home 家庭 가정
3. 了解	liǎojiě	to know of 理解する、分かる 알다, 이해하다
4. 所以	suǒyǐ	so したがって・だから 그래서
因为……所以……	yīnwèi...suǒyǐ...	because... (so)... 〜だから〜である 〜때문에, 그래서
5. 如果	rúguǒ	if もし 만일, 혹시
6. 做客	zuòkè	to be a guest in someone's house 人を訪問する、客になる 손님이 되다, 초대 받다
7. ……的时候	...de shíhou	while, when 〜の時 …때, 〜할때
8. 带	dài	to bring, to take 〜を持って 지니다, 휴대하다
9. 小	xiǎo	small, little 小さい、小さな 작다

10. 礼物	lǐwù	gift, present
		贈り物
		선물
11. 情况	qíngkuàng	situation
		状況
		상황, 정황
12. 告诉	gàosu	to tell
		告げる・知らせる
		알리다, 말하다

Liànxí
练习 / Exercises
練習 / 연습

Tìhuàn liànxí
一、替换 练习 / Substitution drills / 言い換え練習 / 대환 연습

1. A：Nǐ wèishénme xiǎng fǎngwèn Zhōngguó jiātíng?
   你 为什么 想 访问 中国 家庭？

   B：Yīnwèi wǒ xiǎng liǎojiě **Zhōngguó wénhuà**, suǒyǐ wǒ hěn xiǎng qù.
   因为 我 想 了解 **中国 文化**， 所以 我 很 想 去。

   Zhōngguó rén de xíguàn
   中国 人的 习惯

2. A：Wǒ qù zuòkè de shíhou, yào dài shénme lǐwù?
   我 去 做客 的 时候, 要 带 什么 礼物？

   B：Nǐ zhǐ yào dài **yì píng jiǔ** jiù xíng le.
   你 只要 带 **一 瓶 酒** 就 行 了。

   yìxiē chá
   一些 茶

   xiǎo de gōngyìpǐn
   小 的 工艺品

初级口语（1）

3. A：我可以问他的工作情况吗？
   Wǒ kě yǐ wèn tā de gōngzuò qíngkuàng ma?

   在哪儿工作
   zài nǎr gōngzuò

   做什么工作
   zuò shénme gōngzuò

B：可以，你可以请他告诉你。
   Kěyǐ, nǐ kěyǐ qǐng tā gàosu nǐ.

补充词语 / Additional words / 補足単語 / 보충 단어
Bǔchōng cíyǔ

1. 文化　　　　wénhuà　　　　culture
   　　　　　　　　　　　　　文化
   　　　　　　　　　　　　　문화

2. 习惯　　　　xíguàn　　　　custom, habit
   　　　　　　　　　　　　　習慣
   　　　　　　　　　　　　　습관

3. 工艺品　　　gōngyìpǐn　　　artware
   　　　　　　　　　　　　　工芸品
   　　　　　　　　　　　　　공예품

二、完成对话 / Complete the dialogue / 対話練習 / 완성 대화
Wánchéng duìhuà

1. A：你访问过＿＿＿＿＿＿＿＿＿＿＿＿＿＿＿＿＿＿吗？
      Nǐ fǎngwènguo　　　　　　　　　　　　　　　ma?

   B：我没有访问过＿＿＿＿＿＿＿，但是我很想＿＿＿＿＿＿。
      Wǒ méiyǒu fǎngwènguo　　　, dànshì wǒ hěn xiǎng　　　　.

   A：你为什么想访问＿＿＿＿＿＿＿＿＿＿＿＿＿＿？
      Nǐ wèishénme xiǎng fǎngwèn　　　　　　　　　　　?

   B：因为我想了解＿＿＿＿＿＿＿＿＿＿，所以＿＿＿＿＿＿。
      Yīnwèi wǒ xiǎng liǎojiě　　　　　　, suǒyǐ　　　　　.

   A：如果你有＿＿＿＿＿＿＿＿，你可以去他家＿＿＿＿。
      Rúguǒ nǐ yǒu　　　　　, nǐ kěyǐ qù tā jiā　　　.

2. B：<ruby>我<rt>Wǒ</rt></ruby> <ruby>去<rt>qù</rt></ruby>＿＿＿＿＿<ruby>的时候<rt>de shí hou</rt></ruby>，<ruby>我要带<rt>wǒ yào dài</rt></ruby>＿＿＿＿＿<ruby>吗<rt>ma</rt></ruby>？

A：<ruby>你<rt>Nǐ</rt></ruby> <ruby>去<rt>qù</rt></ruby>＿＿＿＿＿，<ruby>只要带<rt>zhǐ yào dài</rt></ruby>＿＿＿＿＿<ruby>就行了<rt>jiù xíng le</rt></ruby>。

B：<ruby>如果 我 想 知道<rt>Rúguǒ wǒ xiǎng zhīdào</rt></ruby>＿＿＿＿＿，<ruby>我 可以 问 他 吗<rt>wǒ kěyǐ wèn tā ma</rt></ruby>？

A：<ruby>可以<rt>Kěyǐ</rt></ruby>，<ruby>你 可以 请 他 告诉<rt>nǐ kěyǐ qǐng tā gàosu</rt></ruby>＿＿＿＿＿。

三、快速 朗读 / Read out fast / 速読練習 / 빨리 읽기

<ruby>中国 家庭 的 生活，现在你还不知道。<rt>Zhōngguó jiātíng de shēnghuó, xiànzài nǐ hái bù zhīdào.</rt></ruby>

<ruby>如果 你 想 去了解，可以 访问 他 的家。<rt>Rúguǒ nǐ xiǎng qù liǎojiě, kěyǐ fǎngwèn tā de jiā.</rt></ruby>

<ruby>你 去 他 家的时候，只要 带 些 小礼物。<rt>Nǐ qù tā jiā de shíhou, zhǐ yào dài xiē xiǎolǐwù.</rt></ruby>

<ruby>如果 你 想问 什么，可以 请 他 告诉 你。<rt>Rúguǒ nǐ xiǎngwèn shénme, kěyǐ qǐng tā gàosu nǐ.</rt></ruby>

四、说一说 / Speak / 言ってみましょう / 말해보기

<ruby>我来 中国 以后，我还 没有 访问 过<rt>Wǒ lái Zhōngguó yǐhòu, wǒ hái méiyǒu fǎngwèn guo</rt></ruby>＿＿＿＿＿<ruby>家庭<rt>jiātíng</rt></ruby>。

<ruby>但是我很 想<rt>Dànshì wǒ hěn xiǎng</rt></ruby>＿＿＿＿＿，<ruby>请<rt>qǐng</rt></ruby>＿＿＿＿＿<ruby>告诉我<rt>gàosu wǒ</rt></ruby>＿＿＿＿＿。

<ruby>如果 我 能去<rt>Rúguǒ wǒ néng qù</rt></ruby>＿＿＿＿＿，<ruby>我 想 带一些<rt>wǒ xiǎng dài yìxiē</rt></ruby>＿＿＿＿＿。

补充 练习 / Additional exercises
補足練習 / 보충연습

一、朗读 / Read aloud / 朗読 / 읽기

1. <ruby>了解<rt>liǎojiě</rt></ruby> → <ruby>了解 情况<rt>liǎojiě qíngkuàng</rt></ruby> → <ruby>了解 中国 的 情况<rt>liǎojiě Zhōngguó de qíngkuàng</rt></ruby> → <ruby>我 想 了解 中国 的 情况<rt>Wǒ xiǎng liǎojiě Zhōngguó de qíngkuàng</rt></ruby>。

初级口语（1）

wèn → wèn tā → wǒ wèn tā → Wǒ wèn tā Zhōngguó de qíngkuàng.
2. 问 → 问他 → 我问他 → 我问他中国的情况。

gàosu → gàosu wǒ → tā gàosu wǒ → Tā gàosu wǒ Zhōngguó de qíngkuàng.
3. 告诉 → 告诉我 → 他告诉我 → 他告诉我中国的情况。

Zǔ jù
二、组句 / Combine the following phrases into sentences /
以下の語を正しい順序にして文を作りなさい /
단어를 재배열하여 문장을 완성하시오

    wǒ   zuòkè   qù   xiǎng   Zhōngguó   péngyou   jiā   de
1. 我　　做客　　去　　想　　中国　　朋友　　家　　的

    liǎojiě   shēnghuó   wǒ   Zhōngguórén   xiǎng   de   xíguàn
2. 了解　　生活　　我　　中国人　　想　　的　　习惯

    qǐng   gàosu   tā   wǒ   Zhōngguó   wénhuà
3. 请　　告诉　　他　　我　　中国　　文化

Zào jù
三、造句 / Make sentences with the following words or phrase /
作文 / 작문

rúguǒ
1. 如果

yīnwèi... suǒyǐ...
2. 因为……所以……

... de shíhou
3. ……的时候

Kèwén
课文 2 / Text 2
本文 2 / 본문 2

A: Nín hǎo, qǐng jìn!
您好，请进!

B: Zhè shì sònggěi nín de yìdiǎnr lǐwù.
这是送给您的一点儿礼物。

A: Nín tài kè qi le, xièxie!
您太客气了,谢谢!

B: Bú yòng xiè, zhè zhǐ shì wǒ de yìdiǎnr xīnyì.
不用谢,这只是我的一点儿心意。

A: Qǐng zuò. Nín hē chá háishi hē kāfēi?
请坐。您喝茶还是喝咖啡?

B: Suíbiàn, chá huòzhě kāfēi dōu xíng.
随便，茶或者咖啡都行。

A: Nín shì zěnme lái de?
您是怎么来的?

B: Wǒ shì zuò chūzū qìchē lái de.
我是坐出租汽车来的。

A: Qǐng chī yìdiǎnr shuǐguǒ!
请吃一点儿水果!

B: Xièxie!
谢谢!

短平快汉语

初级口语 (1)

Cíyǔ
词语 / Words / 語句 / 단어

1. 进	jìn	to enter 入る ~에 들어가다
2. 送	sòng	to give, send-off あげる・送る 주다, 보내다
A 送给 B	A sònggěi B	A give B... A が B に送る A 가... B 에게 보내 주다
3. 客气	kèqi	polite, courteous, friendly 遠慮する、謙虚である 예의가 바르다
4. 心意	xīnyì	compliment 心・気持ち 마음, 성의
5. 咖啡	kāfēi	coffee コーヒー 커피
6. 随便	suíbiàn	randomly 気ままである、～でも関係なく 마음대로, 좋을대로
7. 或者	huòzhě	or もしくは 또는, 아니면
8. 出租汽车	chūzū qìchē	taxi タクシー 택시
9. 水果	shuǐguǒ	fruit 果物 과일

144

Liànxí
练习 / Exercises
練習 / 연습

一、Tìhuàn liànxí
替换 练习 / Substitution drills / 言い換え練習 / 대환 연습

1. A: Zhè shì sònggěi nín de cháyè.
   这 是 送给 您 的 茶叶。

   替换：
   diǎnxin 点心
   gōngyìpǐn 工艺品

   B: Nín tài kèqi le, xièxie!
   您 太 客气 了, 谢谢!

   A: Bú yòng xiè, zhè zhǐ shì wǒ de yìdiǎnr xīnyì.
   不 用 谢, 这 只 是 我 的 一点儿 心意。

2. A: Nín hē píjiǔ háishi yǐnliào?
   您 喝 啤酒 还是 饮料?

   替换：
   kělè 可乐 / xuěbì 雪碧

   B: Suíbiàn, píjiǔ huòzhě yǐnliào dōu xíng.
   随便, 啤酒 或者 饮料 都 行。

   替换：
   kělè 可乐 / xuěbì 雪碧 / kěyǐ 可以

短平快汉语

初级口语（1）

3. A：请 吃 一点儿 点心。
　　　Qǐng chī yìdiǎnr diǎnxin.

　　　　苹果 píngguǒ
　　　　橘子 júzi
　　　　西瓜 xīguā

B：谢谢！
　　Xièxie!

Bǔchōng cíyǔ
补充 词语 / Additional words / 補足単語 / 보충 단어

1.	茶叶	cháyè	tea お茶 찻잎
2.	点心	diǎnxin	refreshment 菓子、間食として食べるもの 간식
3.	饮料	yǐnliào	drink 飲み物 음료, 음료수
4.	雪碧	xuěbì	Sprite スプライト 스프라이트
5.	苹果	píngguǒ	apple りんご 사과
6.	橘子	júzi	orange みかん 귤
7.	西瓜	xīguā	watermelon 西瓜 수박

二、完成对话 / Complete the dialogue / 对話練習 / 완성 대화

A：您好，请进！

B：这是送给您的_____。

A：您太客气了，谢谢！

B：不用谢！这只是我的一点儿_____。

A：请坐。您喝_____还是_____？

B：随便，_____或者_____都行。

A：请吃一点儿_____。

B：谢谢！

三、快速朗读 / Read out fast / 速読練習 / 빨리 읽기

送给您一点儿小礼物。谢谢，谢谢，谢谢您！

不用，不用，不用谢！只是我的一点儿心意。

您喝咖啡还是茶？咖啡或茶都可以。

四、说一说 / Speak / 速読練習 / 빨리 읽기

我在_____的时候，我访问过一个_____的家庭，我是_____去的。

初级口语（1）

Dàole tā jiā de shíhou, wǒ sònggěi tā_____.
到了他家的时候，我送给他_____。
Tā shuō:"Nín tài_____le!" Wǒ shuō zhè zhǐ shì wǒ de yìdiǎnr_____. Tā
他说："您太_____了！"我说这只是我的一点儿_____。他
wèn wǒ yào hē_____háishi_____, wǒ shuō_____huòzhě_____dōu
问我要喝_____还是_____，我说_____或者_____都
xíng. Zài tā jiā zuòkè, wǒ juéde hěn gāoxìng.
行。在他家做客，我觉得很高兴。

Bǔchōng liànxí
补充练习 / Additional exercises
補足練習 / 보충연습

Lǎngdú
一、朗读 / Read aloud / 朗読 / 읽기

　　sòng → sònggěi → sònggěi tā → sònggěi tā lǐwù → Wǒ sònggěi tā lǐwù.
1. 送 → 送给 → 送给他 → 送给他礼物 → 我送给他礼物。

　　huòzhě → chá huòzhě kāfēi → hē chá huòzhě hē kāfēi
2. 或者 → 茶或者咖啡 → 喝茶或者喝咖啡

　　zhǐshì → zhǐshì wǒ de xīnyì → zhǐshì wǒ de yìdiǎnr xīnyì → Zhè zhǐshì wǒ de
3. 只是 → 只是我的心意 → 只是我的一点儿心意 → 这只是我的
　　yìdiǎnr xīnyì.
　　一点儿心意。

Zǔ jù
二、组句 / Combine the following phrases into sentences / 以下の語を正しい順序にして文を作りなさい / 단어를 재배열하여 문장을 완성하시오

　　wǒ　　lǐwù　　　sòng　　tā　　gěi
1. 我　　礼物　　　送　　他　　给

2. 这(zhè) 一点儿(yìdiǎnr) 我(wǒ) 只(zhǐ) 心意(xīnyì) 的(de) 是(shì)

3. 水果(shuǐguǒ) 请(qǐng) 一点儿(yìdiǎnr) 吃(chī)

三、造句(Zào jù) / Make sentences with the following words or phrase / 作文 / 작문

1. A 送给(sònggěi) B……

2. 或者(huòzhě)

Dì-shíyī kè Àihào yǔ xìngqù
第十一课　爱好 与 兴趣
Lesson 11　Habits and Interests
第十一課　趣味と興味
제 11 과　취미 와 관심

Kèwén
课文 1 / Text 1
本文 1 / 본문 1

A: Nǐ zài tīng shénme?
　　你在听什么？
B: Wǒ zài tīng yīnyuè, zhè shì wǒ de àihào.
　　我在听音乐，这是我的爱好。
A: Nǐ xǐhuan tīng shénme yīnyuè?
　　你喜欢听什么音乐？
B: Wǒ xǐhuan tīng liúxíng yīnyuè, liúxíng yīnyuè hěn hǎotīng.
　　我喜欢听流行音乐，流行音乐很好听。
A: Nǐ zài Zhōngguó mǎile yīnyuè cídài ma?
　　你在中国买了音乐磁带吗？
B: Wǒ búdàn mǎile yīnyuè cídài, érqiě hái mǎile hěn duō yīnyuè guāngpán.
　　我不但买了音乐磁带，而且还买了很多音乐光盘。
A: Nǐ xǐhuan chànggē ma?
　　你喜欢唱歌吗？
B: Wǒ hěn xǐhuan chàng gē, xiànzài wǒ zài xuéxí chàng Zhōngguó gē.
　　我很喜欢唱歌，现在我在学习唱中国歌。
A: Nǐ xué de zěnmeyàng?
　　你学得怎么样？
B: Wǒ xué de hěn rènzhēn, dànshì chàng de hái bú tài hǎo.
　　我学得很认真，但是唱得还不太好。

词语 / Words / 語句 / 단어

1. 音乐　　yīnyuè　　　music
   音楽
   음악

2. 爱好　　àihào　　　hobby
   趣味
   취미

3. 流行　　liúxíng　　　popular
   流行
   유행하다

4. 好听　　hǎotīng　　　pleasant to hear
   聞いて気持ちがいい
   듣기 좋다

5. 磁带　　cídài　　　tape
   テープ
   테이프

6. 不但　　búdàn　　　not only
   〜だけじゃなく
   〜뿐 아니라

7. 而且　　érqiě　　　(but) also
   そのうえ、しかも
   게다가 〜뿐만 아니라, 또한

8. 光盘　　guāngpán　　　disk
   ディスク
   디스켓

9. 唱　　chàng　　　to sing
   歌う
   (노래를)부르다

10. 歌　　gē　　　song
    歌
    노래

初级口语（1）

唱歌	chàng gē	to sing a song 歌を歌う 노래를 부르다
11. (动词+)得……	[dòngcí(v.)]+de...	indicating the degree of an action 行動の程度を表す ~을 할수 있다(없다)
12. 认真	rènzhēn	serious, seriously, diligently 真剣、真剣に、まじめに 열심히하다, 진지하다

Liànxí
练习 / Exercises
練習 / 연습

Tìhuàn liànxí
一、替换 练习 / Substitution drills / 言い換え練習 / 대환 연습

Nǐ de àihào shì shénme?　　　Wǒ de àihào shì yùndòng.
1. A：你的爱好是什么？　　B：我的爱好是 运动。
　　　　　　　　　　　　　　　　　　　 lǚyóu
　　　　　　　　　　　　　　　　　　　 旅游
　　　　　　　　　　　　　　　　　　　 kàn diànyǐng
　　　　　　　　　　　　　　　　　　　 看 电影

Nǐ xǐhuan yùndòng ma?
2. A：你喜欢 运动 吗？
　　　　　 lǚyóu
　　　　　 旅游
　　　　　 kàn diànyǐng
　　　　　 看 电影

第十一课　爱好与兴趣

B：我不但喜欢运动，而且每天都运动。
　　　　　　　旅游　　　　　　去过很多地方
　　　　　　　看电影　　　　　看过很多中国电影

3. A：你在学习做菜吗？　　B：我在学习做菜。
　　　　　　　照相　　　　　　　　　　照相
　　　　　　　跳舞　　　　　　　　　　跳舞

A：你做得怎么样？　　B：我做得不太好。
　　　照　　　　　　　　　照　还不好
　　　跳　　　　　　　　　跳　比较好

Bǔchōng cíyǔ
补充词语 / Additional words / 補足単語 / 보충 단어

1. 运动　　　yùndòng　　　sports
　　　　　　　　　　　　　運動
　　　　　　　　　　　　　운동하다

2. 旅游　　　lǚyóu　　　　to travel
　　　　　　　　　　　　　旅行
　　　　　　　　　　　　　여행하다

3. 跳舞　　　tiào wǔ　　　to dance
　　　　　　　　　　　　　ダンスをする、踊る
　　　　　　　　　　　　　춤추다

初级口语（1）

Wánchéng duìhuà
二、完成 对话 / Complete the dialogue / 对話練習 / 완성 대화

1. A：你的爱好是什么？
   Nǐ de àihào shì shénme?

   B：我的爱好是＿＿＿＿＿，我觉得＿＿＿＿＿很＿＿＿＿＿。
   Wǒ de àihào shì＿＿＿, wǒ juéde＿＿＿ hěn＿＿＿.

2. A：你喜欢＿＿＿＿＿＿＿＿＿＿＿＿吗？
   Nǐ xǐhuan＿＿＿＿＿＿＿＿＿＿ma?

   B：我不但 很 喜欢＿＿＿，而且 常常＿＿＿＿。
   Wǒ búdàn hěn xǐhuan＿＿, érqiě chángcháng＿＿＿.

   A：你＿＿＿＿＿＿＿＿＿得 怎么样？
   Nǐ＿＿＿＿＿＿＿de zěnmeyàng?

   B：我 ＿＿ 得＿＿＿＿＿＿＿＿＿＿。
   Wǒ＿＿de＿＿＿＿＿＿＿＿.

Kuàisù lǎngdú
三、快速 朗读 / Read out fast / 速読練習 / 빨리 읽기

1. 你的爱好是什么？我的爱好是 唱 歌。
   Nǐ de àihào shì shénme? Wǒ de àihào shì chàng gē.

   我 很 喜欢 中国 歌，现在 我 在 学 唱。
   Wǒ hěn xǐhuan Zhōngguó gē, xiànzài wǒ zài xué chàng.

   老师 教 得 怎么样？老师 教 得 很 认真，我也学 得 很 努力。
   Lǎoshī jiāo de zěnmeyàng? Lǎoshī jiāo de hěn rènzhēn, wǒ yě xué de hěn nǔlì.

2. 我 在 学 唱 中国 歌，现在 不但 会 唱 了，而且 常常 练习
   Wǒ zài xué chàng Zhōngguó gē, xiànzài búdàn huì chàng le, érqiě chángcháng liànxí

   唱，但是 唱 得 还 不 好。
   chàng, dànshì chàng de hái bù hǎo.

Shuō yi shuō
四、说一说 / Speak / 言ってみましょう / 말해보기

Wǒde àihào shì _____, wǒ juéde _____.
我的爱好是_____，我觉得_____。
Měitiān, wǒ dōu _____. Xiànzài, wǒ búdàn _____, érqiě _____ de _____.
每天，我都_____。现在，我不但_____，而且_____得_____。

Bǔchōng liànxí
补充 练习 / Additional exercises
補足練習 / 보충연습

Lǎngdú
一、朗读 / Read aloud / 朗読 / 읽기

de → xué de → xué de hěn rènzhēn → Wǒ xué de hěn rènzhēn.
1. 得 → 学得 → 学得很认真 → 我学得很认真。

chàng → chàng gē → chàng Zhōngguó gē → xuéxí chàng Zhōngguó gē → Wǒ xuéxí chàng Zhōngguó gē.
2. 唱 → 唱歌 → 唱中国歌 → 学习唱中国歌 → 我学习唱中国歌。

Zǔ jù
二、组句 / Combine the following phrases into sentences / 以下の語を正しい順序にして文を作りなさい / 단어를 재배열하여 문장을 완성하시오

   àihào   nǐ   shénme   shì   de
1. 爱好   你   什么   是   的

   tā   xuéxí   zài   chàng   Zhōngguó gē
2. 他   学习   在   唱   中国歌

短平快汉语

初级口语（1）

	hěn	chàng	hǎotīng	de	tā
3.	很	唱	好听	得	他

Zào jù

三、造句 / Make sentences with the following words or phrase / 作文 / 작문

　　　　búdàn... érqiě...
1. 不但……而且……

　　　　nǐ + dòngcí (v.)+ de zěnmeyàng?
2. A：你 + 动词 + 得怎么样？
　　　　wǒ + dòngcí (v.)+ de...
　　B：我 + 动词 + 得……

Kèwén
课文 2 / Text 2
본문 2

Nǐ duì shénme yǒu xīngqù?
A：你 对 什么 有 兴趣？

Wǒ duì yùndòng yǒu xìngqù. Nǐ ne?
B：我 对 运动 有 兴趣。你呢？

Wǒ gēn nǐ yíyàng. ... Nǐ xǐhuan shénme yùndòng?
A：我 跟 你一样。……你喜欢 什么 运动？

Wǒ xǐhuan dǎ lánqiú, dànshì zuì xǐhuan tī zúqiú.
B：我 喜欢 打 篮球，但是 最 喜欢 踢 足球。

Nǐ chángcháng kàn zúqiú bǐsài ma?
A：你 常常 看 足球 比赛 吗？

Wǒ chángcháng kàn zúqiú bǐsài, zúqiú bǐsài hěn yǒuyìsi.
B：我 常常 看 足球 比赛，足球 比赛 很 有意思。

Nǐ cānjiā guo zúqiú bǐsài ma?
A：你 参加 过 足球 比赛 吗？

Wǒ búdàn cānjiā guo zúqiú bǐsài, érqiě chángcháng cānjiā bǐsài.
B：我 不但 参加 过 足球 比赛，而且 常常 参加 比赛。

Nǐ tī de zěnmeyàng?
A：你 踢 得 怎么样？

Wǒ tī de hái búcuò.
B：我 踢 得 还 不错。

短平快汉语
初级口语 (1)

Cíyǔ
词语 / Words / 語句 / 단어

1. 运动	yùndòng	sport スポーツ 운동
2. 兴趣	xìngqù	interest 関心 취미, 관심
对……(没)有兴趣	duì... (méi) yǒu xìngqù	have (no) interest in 〜に対して関心がある(ない)、興味がある(ない) 〜에 대해 취미(관심)이 있다(없다)
3. 一样	yíyàng	same 同じ (똑)같다, 동일하다
A 跟 B(不)一样	A gēn B (bù) yíyàng	A is (not) the same as B... AとBは同じではない A와 B는 같다(같지 않다)
4. 打	dǎ	to play する 치다 (〜를 하다)
5. 篮球	lánqiú	basketball バスケットボール 농구
打篮球	dǎ lánqiú	play basketball バスケットボールをする 농구를 하다
6. 最	zuì	most 最も、いちばん 매우, 아주, 최고로

7. 踢	tī	to kick 蹴る 차다
8. 足球	zúqiú	football サッカー 축구
9. 比赛	bǐsài	match, competition 試合 시합
10. 参加	cānjiā	to take part in 参加する 참가하다
11. 不错	búcuò	not bad 素晴らしい 맞다, 좋다

Liànxí
练习 / Exercises
練習 / 연습

Tìhuàn liànxí
一、替换 练习 / Substitution drills / 言い換え練習 / 대환 연습

Nǐ duì shénme yǒu xìngqù?
1. A: 你 对 什么 有 兴趣？

   Wǒ duì lǚyóu yǒu xìngqù.
   B: 我 对 旅游 有 兴趣。

   Zhōngguó wénhuà
   中国 文化

   tīng liúxíng yīnyuè
   听 流行 音乐

初级口语（1）

2. A：Wǒ xǐhuan dǎ lánqiú, nǐ ne?
   我 喜欢 打 篮球，你 呢？

   B：Wǒ gēn nǐ bù yíyàng, wǒ xǐhuan dǎ páiqiú.
   我 跟 你 不一样，我 喜欢 打 排球。
   　　　　　　　　　　　　　　yóu yǒng 游泳
   　　　　　　　　　　　　　　huá bīng 滑冰

3. A：Nǐ chángcháng kàn páiqiú bǐsài ma?
   你 常常 看 排球 比赛 吗？
   　　　　　　yóu yǒng 游泳
   　　　　　　huá bīng 滑冰

   B：Wǒ búdàn chángcháng kàn páiqiú bǐsài, érqiě hái cānjiā bǐsài.
   我 不但 常常 看 排球 比赛，而且 还 参加 比赛。
   　　　　　　　　　　yóu yǒng 游泳
   　　　　　　　　　　huá bīng 滑冰

   A：Nǐ dǎ de zěnmeyàng?
   你 打 得 怎么样？
   　　yóu 游
   　　huá 滑

   B：Wǒ dǎ de búcuò.
   我 打 得 不错。
   　　yóu 游
   　　huá 滑

第十一课 爱好与兴趣

Bǔchōng cíyǔ
补充 词语 / Additional words / 補足単語 / 보충 단어

1. 排球	páiqiú	volleyball バレーボール 배구
2. 游泳	yóu yǒng	to swim 泳ぐ 수영
3. 滑冰	huá bīng	to skate スケート（をする） 스케이트

Wánchéng duìhuà
二、完成 对话 / Complete the dialogue / 対話練習 / 완성 대화

1.   Nǐ duì shénme yǒu xìngqù?
   A：你 对 什么 有 兴趣？
         Wǒ duì_____yǒu xìngqù. Nǐ ne?
   B：我 对_____有 兴趣。你呢？
         Wǒ gēn nǐ_____, wǒ_____.
   A：我 跟 你_____,我_____。

2.   Nǐ xǐhuan shénme yùndòng?
   A：你 喜欢 什么 运动？
         Wǒ xǐhuan_____, dànshì zuì xǐhuan_____.
   B：我 喜欢_____，但是 最喜欢_____。
         Nǐ_____de zěnmeyàng?
   A：你_____得 怎么样？
         Wǒ_____de_____.
   B：我_____得_____。

短平快汉语
初级口语（1）

3. A：你 常常 看 _____ 比赛 吗？
　　　Nǐ chángcháng kàn _____ bǐsài ma?

　　B：我 _____ 比赛。
　　　Wǒ _____ bǐsài.

　　A：你 参加 过 _____ 比赛 吗？
　　　Nǐ cānjiā guo _____ bǐsài ma?

　　B：我 _____ 比赛。
　　　Wǒ _____ bǐsài.

三、快速 朗读 / Read out fast / 速読練習 / 빨리 읽기
Kuàisù lǎngdú

1. 你 对 什么 有 兴趣？
   Nǐ duì shénme yǒu xìngqù?

   我 对 篮球 有 兴趣，不但 喜欢 打 篮球，而且 参加 过 比赛。
   Wǒ duì lánqiú yǒu xìngqù, búdàn xǐhuan dǎ lánqiú, érqiě cānjiā guo bǐsài.

   篮球 打得 怎么样？篮球 打得 还 不错。
   Lánqiú dǎ de zěnmeyàng? Lánqiú dǎ de hái búcuò.

2. 你的 兴趣是 什么？我 也 喜欢 打 篮球，但 我 跟 你 不 一 样，不但
   Nǐ de xìngqùshì shénme? Wǒ yě xǐhuan dǎ lánqiú, dàn wǒ gēn nǐ bù yí yàng, búdàn
   不 常 看 比赛，篮球 打得 也 不好。
   bù cháng kàn bǐsài, lánqiú dǎ de yě bù hǎo.

四、说 一 说 / Speak / 言ってみましょう / 말해보기
Shuō yi shuō

我 对 _____ 有 兴趣，他 的 _____ 跟 我一样，_____ 也 对
Wǒ duì _____ yǒu xìngqù, tā de _____ gēn wǒ yíyàng, _____ yě duì
_____ 有 兴趣。
_____ yǒu xìngqù.

因为 我们 都 喜欢 _____，所以 我 常常 跟 _____ 一
Yīnwèi wǒmen dōu xǐhuan _____, suǒyǐ wǒ chángcháng gēn _____ yì
起 _____。
qǐ _____.

我们 不但 _____，而且 _____。现在，我们 都 _____ 得 _____。
Wǒmen búdàn _____, érqiě _____. Xiànzài, wǒmen dōu _____ de _____.

Bǔchōng liànxí
补充 练习 / Additional exercises
補足練習 / 보충연습

Lǎngdú
一、朗读 / Read aloud / 朗読 / 읽기

1. xìngqù → yǒu xìngqù → duì yùndòng yǒu xìngqù → Wǒ duì yùndòng yǒu xìngqù.
   兴趣 → 有 兴趣 → 对 运动 有 兴趣 → 我 对 运动 有 兴趣。
   → Wǒ duì yùndòng méiyǒu xìngqù.
   → 我 对 运动 没有 兴趣。

2. zuì → zuì xǐhuan → zuì xǐhuan yùndòng → Wǒ zuì xǐhuan yùndòng.
   最 → 最 喜欢 → 最 喜欢 运动 → 我 最 喜欢 运动。

3. gēn... yíyàng → wǒ gēn tā yíyàng → wǒ gēn tā bù yíyàng → Wǒ de xìngqù gēn tā bù yíyàng.
   跟……一样 → 我 跟 他 一样 → 我 跟 他 不 一样 → 我 的 兴趣 跟 他 不一样。

Zǔ jù
二、组句 / Combine the following phrases into sentences /
以下の語を正しい順序にして文を作りなさい /
단어를 재배열하여 문장을 완성하시오

1. wǒ   xìngqù   yùndòng   duì   méiyǒu
   我   兴趣   运动   对   没有

2. bǐsài   wǒ   lánqiú   guo   cānjiā   méiyǒu
   比赛   我   篮球   过   参加   没有

Zào jù
三、造句 / Make sentences with the following words or phrase /
作文 / 작문

1. duì... (méi) yǒu xìngqù
   对……（没）有 兴趣

2. A gēn B (bù) yíyàng
   A 跟 B（不）一样

Dì-shí'èr kè　Tiānqì yǔ qìhòu
第十二课　天气与气候
Lesson 12　　Weather and Climate
第十二課　　天気と気候
제 12 과　　날씨 와 기후

Kèwén
课文 1 / Text 1
本文 1 / 본문 1

Zài zhèr, chūntiān de tiānqì zěnmeyàng?
A：在这儿，春天的天气怎么样？
Chūntiān bǐjiào nuǎnhuo.
B：春天比较暖和。
Xiàtiān de tiānqì rè bu rè?
A：夏天的天气热不热？
Xiàtiān fēicháng rè, wēndù chángcháng zài sānshíwǔ dù zuǒyòu.
B：夏天非常热，温度常常在三十五度左右。
Qiūtiān de tiānqì zěnmeyàng?
A：秋天的天气怎么样？
Qiūtiān bǐjiào liángkuai, bù lěng yě bú rè.
B：秋天比较凉快，不冷也不热。
Dōngtiān de tiānqì lěng bu lěng?
A：冬天的天气冷不冷？
Dōngtiān hěn lěng,
B：冬天很冷，
yǒushíhou wēndù zài língdù yǐxià.
　有时候温度在零度以下。
Nǐ zuì xǐhuan nǎ ge jìjié?
A：你最喜欢哪个季节？
Wǒ zuì xǐhuan chūntiān.
B：我最喜欢春天。

词语 / Words / 語句 / 단어

1. 春天	chūntiān	spring 春 봄	
2. 天气	tiānqì	weather 天気 날씨	
3. 暖和	nuǎnhuo	warm 暖かい 따뜻하다	
4. 夏天	xiàtiān	summer 夏 여름	
5. 热	rè	hot 暑い 덥다, 뜨겁다	
6. 温度	wēndù	temperature 温度 온도	
7. 度	dù	degree 度 도	
8. 左右	zuǒyòu	about, or so ぐらい、約 ~가량, ~정도	
9. 秋天	qiūtiān	autumn 秋 가을	
10. 凉快	liángkuai	cool 涼しい 서늘하다, 신선하다	

11. 冷	lěng	cold 寒い 춥다, 차다, 시리다
12. 冬天	dōngtiān	winter 冬 겨울
13. 零度	língdù	zero degree 零度 영도/0℃
14. 以下	yǐxià	below 以下 이하
15. 季节	jìjié	season 季節 계절

Liànxí
练习 / Exercises
練習 / 연습

Tìhuàn liànxí
一、替换 练习 / Substitution drills / 言い換え練習 / 대환 연습

1. A: Zài zhèr, xiàtiān de tiānqì zěnmeyàng?
   在 这儿, 夏天 的 天气 怎么样?

   B: Xiàtiān hěn rè, wēndù yìbān zài sānshíwǔ dù zuǒyòu.
   夏天 很 热, 温度 一般 在 三十五 度 左右。

   sānshíbā
   三十八

   sìshí
   四十

166

　　　　　Zài nàr, dōngtiān lěng bu lěng?
2. A：在那儿，冬天 冷不冷？
　　　　Dōngtiān fēicháng lěng, yǒushíhou wēndù zài líng xià　wǔ　dù yǐxià.
　B：冬天 非常 冷，有时候 温度 在 零 下　五　度以下。

　　　　　　　　　　　　　　　　　　　　　shí
　　　　　　　　　　　　　　　　　　　　　十
　　　　　　　　　　　　　　　　　　　　èrshí
　　　　　　　　　　　　　　　　　　　　二十

　　　　　Nǐ zuì xǐhuan nǎ ge jìjié?   Wǒ zuì xǐhuan chūntiān.
3. A：你 最 喜欢 哪个季节？ B：我 最 喜欢 春天。
　　　　　　　　　　　　　　　　　xiàtiān
　　　　　　　　　　　　　　　　　夏天
　　　　　　　　　　　　　　　　qiūtiān
　　　　　　　　　　　　　　　　 秋天
　　　　　　　　　　　　　　　　dōngtiān
　　　　　　　　　　　　　　　　冬天

　　　　Nǐ wèi shénme xǐhuan chūntiān?
　A：你 为 什么 喜欢 春天？
　　　　　　　　　　　xiàtiān
　　　　　　　　　　　夏天
　　　　　　　　　　　qiūtiān
　　　　　　　　　　　秋天
　　　　　　　　　　　dōngtiān
　　　　　　　　　　　冬天

　　　　Yīnwèi chūntiān shù lǜ le, huā yě kāi le.
　B：因为 春天 树绿了，花也开了。
　　　　　xiàtiān kěyǐ qù yóu yǒng
　　　　　夏天可以去 游泳
　　　　　qiūtiān shì zuì shūshì de jìjié
　　　　　秋天 是 最 舒适 的 季节
　　　　　dōngtiān kěyǐ qù huá bīng
　　　　　冬天 可以 去 滑冰

初级口语（1）

Bǔchōng cíyǔ
补充 词语 / Additional words / 補足単語 / 보충 단어

1. 一般	yìbān	usually 一般、普通 보통이다, 일반적이다
2. 零下	língxià	below zero 零下 영하
3. 绿	lǜ	green 緑 초록, 초록색
4. 开	kāi	to open 開ける 열다
5. 舒适	shūshì	comfortable 心地よい 편안하다, 상쾌하다

Wánchéng duìhuà
二、完成 对话 / Complete the dialogue / 対話練習 / 완성 대화

    Zài_____, chūntiān de tiānqì zěnmeyàng?
1. A：在_____，春天 的天气 怎么样？
   Chūntiān_____.
 B：春天_____。

  Xiàtiān de tiānqì rè bu rè?
 A：夏天 的天气 热不热？
   Xiàtiān_____, wēndù yìbān zài_____ dù zuǒyòu.
 B：夏天_____，温度 一般 在_____度 左右。

  Qiūtiān de tiānqì zěnmeyàng?
 A：秋天 的天气 怎么样？
   Qiūtiān_____, bù_____ yě bú_____.
 B：秋天_____，不_____也不_____。

  Dōngtiān de tiānqì lěng bu lěng?
 A：冬天 的天气 冷不冷？

168

　　　　Dōngtiān＿＿＿＿＿，wēndù yìbān zài＿＿＿＿＿．
　B：冬天＿＿＿＿＿，温度一般在＿＿＿＿＿。

　　　　Nǐ zuì xǐhuan nǎ ge jìjié?
2. A：你最喜欢哪个季节？
　　　　Wǒ zuì xǐhuan＿＿＿＿＿＿＿＿＿＿＿＿＿＿．
　B：我最喜欢＿＿＿＿＿＿＿＿＿＿＿＿＿＿。
　　　　Nǐ wèishénme xǐhuan zhège jìjié?
　A：你为什么喜欢这个季节？
　　　　Yīnwèi＿＿＿＿＿＿＿＿＿＿＿＿＿＿＿．
　B：因为＿＿＿＿＿＿＿＿＿＿＿＿＿＿＿。

　Kuàisù lǎngdú
三、快速 朗读 / Read out fast / 速読練習 / 빨리 읽기

　　Chūntiān tiānqì zěnmeyàng? Chūntiān tiānqì hěn nuǎnhuo.
　春天 天气 怎么样？ 春天 天气 很 暖和。
　　Xiàtiān tiānqì rè bu rè? Xiàtiān tiānqì fēicháng rè, wēndù cháng zài sìshí dù.
　夏天 天气 热不热？ 夏天 天气 非常 热，温度 常 在 四十度。
　　Qiūtiān tiānqì zěnmeyàng? Qiūtiān tiānqì hěn liángkuai.
　秋天 天气 怎么样？ 秋天 天气 很 凉快。
　　Dōngtiān tiānqì lěng bu lěng? Dōngtiān tiānqì fēicháng lěng, wēndù yìbān zài líng dù.
　冬天 天气冷不冷？ 冬天 天气 非常 冷，温度 一般 在 零 度。

　Shuō yi shuō
四、说 一 说 / Speak / 言ってみましょう / 말해보기

　　Zài＿＿＿＿，chūntiān de tiānqì＿＿＿＿，wēndù yìbān zài＿＿＿＿．
　在＿＿＿＿，春天 的 天气＿＿＿＿，温度 一般 在＿＿＿＿。
　　Xiàtiān de tiānqì＿＿＿＿，wēndù chángcháng zài＿＿＿＿．
　夏天 的 天气＿＿＿＿，温度 常常 在＿＿＿＿。
　　Qiūtiān de tiānqì＿＿＿＿，bù＿＿＿＿ yě bú＿＿＿＿．
　秋天 的 天气＿＿＿＿，不＿＿＿＿也 不＿＿＿＿。
　　Dōngtiān de tiānqì＿＿＿＿，wēndù yìbān zài＿＿＿＿．
　冬天 的 天气＿＿＿＿，温度 一般 在＿＿＿＿。
　　Wǒ zuì xǐhuan＿＿＿＿＿＿＿＿，yīnwèi＿＿＿＿＿＿＿．
　我 最 喜欢＿＿＿＿＿＿＿＿，因为＿＿＿＿＿＿＿。

初级口语（1）

Bǔchōng liànxí
补充 练习 / Additional exercises

補足練習 / 보충연습

一、Lǎngdú 朗读 / Read aloud / 朗読 / 읽기

1. bù…… bù…… → bù lěng yě bú rè → Qiūtiān bù lěng yě bú rè.
   不……不…… → 不冷也不热 → 秋天不冷也不热。

2. zuǒyòu → sānshí dù zuǒyòu → Wēndù zài sānshí dù zuǒyòu.
   左右 → 三十度左右 → 温度在三十度左右。

二、Zǔ jù 组句 / Combine the following phrases into sentences / 以下の語を正しい順序にして文を作りなさい / 단어를 재배열하여 문장을 완성하시오

1. jīntiān tiānqì bù lěng de bú rè yě
   今天   天气   不冷   的   不热   也

2. míngtiān wēndù líng dù zài yǐxià de
   明天   温度   零度   在   以下   的

三、Zào jù 造句 / Make sentences with the following words or phrase / 作文 / 작문

1. zuǒyòu
   左右

2. yǐxià
   以下

课文 2 / Text 2
본문 2

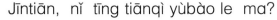

A: Jīntiān, nǐ tīng tiānqì yùbào le ma?
今天，你听天气预报了吗？

B: Wǒ tīng tiānqì yùbào le.
我听天气预报了。

A: Jīntiān de tiānqì zěnmeyàng?
今天的天气怎么样？

B: Jīntiān shì qíngtiān, zuì gāo wēndù shì sānshíwǔ dù.
今天是晴天，最高温度是三十五度。

A: Zuótiān shì yīntiān, zuì gāo wēndù shì sānshí dù.
昨天是阴天，最高温度是三十度。

B: Jīntiān bǐ zuótiān rè, dànshì jīntiān de fēng bǐjiào dà.
今天比昨天热，但是今天的风比较大。

A: Duì. Jīntiān de fēng bǐ zuótiān dà. ...míngtiān huì xià yǔ ma?
对。今天的风比昨天大。……明天会下雨吗？

B: Míngtiān gēn jīntiān yíyàng, yě bú huì xià yǔ.
明天跟今天一样，也不会下雨。

A: Míngtiān, nǐ dǎsuan zuò shénme?
明天，你打算做什么？

B: Míngtiān, wǒ dǎsuan qù yóuyǒng, huòzhě gēn péngyou chūqù wánr.
明天，我打算去游泳，或者跟朋友出去玩儿。

短平快汉语
初级口语 (1)

词语 / Words / 語句 / 단어
Cíyǔ

1. 预报	yùbào	to forecast 予報 예보	
2. 晴天	qíngtiān	a clear day 晴れ 맑은 하늘, 맑게 갠 하늘	
3. 高	gāo	high 高い 높다	
4. 阴天	yīntiān	a cloudy day 曇り 흐린 하늘, 흐린 날씨	
5. 比	bǐ	than 〜よりも 〜에 비하여, 〜보다	
A 比 B……		A is... than B AはBよりも A는 B에 비하여	
6. 风	fēng	wind 風 바람	
7. 雨	yǔ	rain 雨 비	
下雨	xià yǔ	to rain 雨が降る 비가 오다	
8. 打算	dǎsuan	to plan 〜するつもり 〜하려고 하다, 〜할 작정이다	

172

9. 游泳	yóu yǒng	to swim 泳ぐ 수영하다
10. 出去	chūqù	to go out 出かける 나가다
11. 玩儿	wánr	to play 遊ぶ 놀다

Liànxí
练习 / Exercises
練習 / 연습

一、Tìhuàn liànxí
替换 练习 / Substitution drills / 言い換え練習 / 대환 연습

1. A：Jīntiān de tiānqì zěnmeyàng?
   今天 的 天气 怎么样？
   B：Jīntiān bǐ zuótiān lěng.
   今天 比 昨天 冷。
   nuǎnhuo 暖和
   liángkuai 凉快

2. A：Jīntiān de yǔ dà ma?
   今天 的 雨 大 吗？
   míngtiān 明天
   fēng 风

   B：Jīntiān de yǔ bǐ zuótiān dà.
   今天 的 雨 比 昨天 大。
   míngtiān 明天   fēng 风   jīntiān 今天   xiǎo 小

短平快汉语

初级口语（1）

3. A：　Míngtiān huì bu huì xià xuě?
　　　　明天　会　不　会　下　雪？　　B：　Míngtiān huì xià xuě.
　　　　　　　　　　　　　　　　　　　　　明天　会下雪。

　　　　　yǒu wù　　　　　　　　　　　　huì yǒu dà wù
　　　　　有 雾　　　　　　　　　　　　　会有 大雾

4. A：　Míngtiān, nǐ dǎsuan zuò shénme?
　　　　明天，你 打算　做　什么？

   B：　Míngtiān, wǒ dǎsuan qù dǎ lánqiú,　　huòzhě qù tī zúqiú.
　　　　明天，我　打算　去打 篮球，　　　　或者去 踢　足球。

　　　　kàn lánqiú bǐsài　　　　　　　cānjiā zúqiú　bǐsài
　　　　看 篮球　比赛　　　　　　　　参加 足球　比赛

　　　　cānguān yóulǎn　　　　　　　　fǎngwèn Zhōngguó jiātíng
　　　　参观　游览　　　　　　　　　　访问　中国　家庭

Bǔchōng cíyǔ
补充　词语 / Additional words / 補足単語 / 보충 단어

1. 雪	xuě	snow
		雪
		눈
下雪	xià xuě	to snow
		雪が降る
		눈이 내리다
2. 雾	wù	fog
		霧
		안개

Wánchéng duìhuà
二、完成　对话 / Complete the dialogue / 対話練習 / 완성 대화

　　　　Jīntiān de tiānqì zěnmeyàng?
1. A：今天　的 天气　怎么样？

   　　 Jīntiān shì＿＿＿＿＿＿, zuì gāo wēndù shì ＿＿＿＿＿＿.
   B：今天　是＿＿＿＿＿，最　高　温度　是＿＿＿＿＿＿。

A：Zuótiān shì＿＿＿＿＿, zuì gāo wēndù shì＿＿＿＿.
　　　昨天 是 ＿＿＿＿，最 高 温度 是＿＿＿＿。
　　　Jīntiān bǐ zuótiān＿＿＿＿＿＿＿＿＿＿＿.
　　B：今天 比 昨天＿＿＿＿＿＿＿＿＿＿＿。

　　　Jīntiān de fēng bǐ zuótiān dà ma?
2. A：今天 的 风 比 昨天 大 吗？
　　　Jīntiān de fēng bǐ zuótiān＿＿＿＿＿＿.
　　B：今天 的 风 比 昨天＿＿＿＿＿＿。
　　　Míngtiān huì bu huì＿＿＿＿＿＿＿＿＿?
　　A：明天 会 不 会＿＿＿＿＿＿＿＿＿？
　　　Míngtiān＿＿＿＿＿＿＿＿＿＿＿＿.
　　B：明天＿＿＿＿＿＿＿＿＿＿＿＿。

　　　Míngtiān, nǐ dǎsuan zuò shénme?
3. A：明天，你 打算 做 什么？
　　　Míngtiān, wǒ dǎsuan＿＿＿, huòzhě gēn péngyou＿＿＿＿.
　　B：明天，我 打算＿＿＿或者 跟 朋友＿＿＿＿。

　　Kuàisù lǎngdú
三、快速 朗读 / Read out fast / 速読練習 / 빨리 읽기

　　Zuótiān, tiānqì yùbào shuō, jīntiān huì bǐ zuótiān rè, zuì gāo wēndù sìshí dù, dànshì fēng
　　昨天，天气 预报 说，今天 会 比 昨天 热，最 高 温度 四十 度，但是 风
　　bǐ zuótiān dà, érqiě bú huì xià dà yǔ.
　　比 昨天 大，而且 不 会 下 大 雨。
　　Jīntiān dǎsuan qù yóu yǒng, huò gēn péngyou chūqù wánr.
　　今天 打算 去 游泳，或 跟 朋友 出去 玩儿。

　　Shuō yi shuō
四、说 一 说 / Speak / 言ってみましょう / 말해보기

　　Jīntiān wǒ tīngle tiānqì yùbào. Tiānqì yùbào shuō, jīntiān shì＿＿＿, zuì gāo wēndù
　　今天 我 听了 天气 预报。天气 预报 说，今天 是＿＿＿，最 高 温度
　　shì＿＿＿＿＿＿＿.
　　是＿＿＿＿＿＿＿。
　　Zuótiān shì＿＿＿, zuì gāo wēndù shì＿＿＿, jīntiān bǐ zuótiān＿＿＿＿,
　　昨天 是＿＿＿，最 高 温度 是＿＿＿，今天 比 昨 天＿＿＿＿，

短平快汉语
初级口语（1）

míngtiān bú huì＿＿＿＿＿＿＿,dànshì fēng bǐ zuótiān＿＿＿＿＿＿＿,
明天 不 会＿＿＿＿＿＿＿,但是 风 比 昨天＿＿＿＿＿＿＿,
wǒ dǎsuan＿＿＿＿＿＿＿, huòzhě＿＿＿＿＿＿＿.
我 打算＿＿＿＿＿＿＿,或者＿＿＿＿＿＿＿。

Bǔchōng liànxí
补充 练习 / Additional exercises
補足練習 / 보충연습

Lǎngdú
一、朗读 / Read aloud / 朗読 / 읽기

bǐ → bǐ tā gāo → wǒ bǐ tā gāo.
1. 比 → 比 他 高 → 我 比 他 高。

dǎsuan → dǎsuan qù shūdiàn → Wǒ dǎsuan qù shūdiàn mǎi shū.
2. 打算 → 打算 去 书店 → 我 打算 去 书店 买 书。

Zǔ jù
二、组句 / Combine the following phrases into sentences /
以下の語を正しい順序にして文を作りなさい /
단어를 재배열하여 문장을 완성하시오

bǐ	jīntiān	rè	zuótiān
1. 比　　　　今天　　　　热　　　　昨天

zuótiān	fēng	de	bǐ	xiǎo	jīntiān
2. 昨天　　　风　　　的　　　比　　　小　　　今天

míngtiān	huì	xià	ma	yǔ
3. 明天　　　会　　　下　　　吗　　　雨

176

三、 造句 / Make sentences with the following word or phrase / 작문
(Zào jù)

1. A 比 B……
   (bǐ)

2. 打算
   (dǎsuan)

Dì-shísān kè Diànhuà yǔ tōngxùn
第十三课　　电话　与 通讯
Lesson 13　　Phone and Communication
第十三課　　電話と通信

제 13 과　　전화 와 통신

Kèwén
课文 1 / Text 1
本文 1 / 본문 1

Nǐ chángcháng gěi jiālǐrén dǎ diànhuà ma?
A：你 常常　给家里人打 电话 吗？

Wǒ chángcháng gěi tāmen dǎ diànhuà, huòzhě gěi tāmen fā E-mail.
B：我　常常　给他们 打 电话，或者 给他们 发 E-mail。

Xiànzài, yòng diànnǎo xiě xìn hěn fāngbiàn.
A：现在，用　电脑 写信很　方便。

Duì, érqiě fā E-mail bǐ dǎ diànhuà piányi.
B：对，而且发 E-mail 比 打 电话　便宜。

Nǐ gěi Zhōngguó péngyou dǎguo diànhuà ma?
A：你给　中国　朋友 打过 电话 吗？

Wǒ méiyǒu gěi tāmen dǎguo diànhuà.
B：我 没有　给他们 打过 电话。

Wèishénme?
A：为 什么？

Yīnwèi wǒ dān xīn tīng bu dǒng, érqiě wǒ de Hànyǔ shuō de bú tài hǎo.
B：因为我 担 心 听 不 懂，而且我 的 汉语　说 得不太好。

Xiànzài nǐ de Hànyǔ bǐ yǐqián hǎo, nǐ yīnggāi shìshi.
A：现在 你的 汉语比 以前 好，你 应该 试试。

Nǐ shuō de duì, yǐhòu wǒ yídìng yào shìshi.
B：你 说 得对，以后 我 一定要 试试。

词语 / Words / 語句 / 단어
Cíyǔ

1. 家里人	jiālǐrén	family members 家族 가족	
2. 电话	diànhuà	telephone 電話 전화	
打电话	dǎ diànhuà	to phone 電話する 전화를 하다	
3. 发	fā	to send 送る、発送する 보내다	
发 E-mail	fā-Email	to send a E-mail E メールを送る 메일을 보내다	
4. 用	yòng	to use 使う 쓰다, 사용하다	
5. 电脑	diànnǎo	computer コンピューター 컴퓨터	
6. 写	xiě	to write 書く 쓰다	
7. 信	xìn	letter 手紙 편지	
8. 便宜	piányi	cheap 安い 싸다	

9. 担心	dān xīn	to worry 心配する 걱정하다
10. 试	shì	to try 試す 시험, 삼아, ~하다, ~해보다

Liànxí
练习 / Exercises
練習 / 연습

Tìhuàn liànxí
一、替换 练习 / Substitution drills / 言い換え練習 / 대환 연습

1. A: Nǐ chángcháng gěi tā xiě xìn ma?
你 常常 给 他 写信吗？
   fā duǎnxìn
   发 短信

B: Wǒ chángcháng gěi tā xiě xìn.
我 常常 给 他 写信。
   fā duǎnxìn
   发 短信

2. A: Nǐ yòng shénme dǎ diànhuà?
你 用 什么 打 电话？
   fā duǎnxìn
   发 短信
   fā E-mail
   发 E-mail

　　　　　　　Wǒ yòng　shǒujī dǎ diànhuà
　　B：我 用　手机 打 电话。

　　　　　　shǒujī fā duǎnxìn
　　　　　　手机 发 短信
　　　　　　diànnǎo fā E-mail
　　　　　　电脑 发 E-mail

　　　　　　Nǐ wèishénme bù gěi tā xiě xìn?
3. A：你 为 什么 不 给 他 写 信？

　　　　　　　　fā　E-mail
　　　　　　　　发 E-mail
　　　　　　　　fā duǎnxìn
　　　　　　　　发 短信

　　　　　　Yīnwèi wǒ dān xīn tā kàn bu dǒng Zhōngwén.
　　B：因为 我 担 心 他 看 不 懂 中文。

　　　　　　　　bú huì yòng diànnǎo
　　　　　　　　不 会 用 电脑
　　　　　　　　bú huì yòng shǒujī
　　　　　　　　不 会 用 手机

Bǔchōng cíyǔ
补充 词语 / Additional words / 補足単語 / 보충 단어

1. 手机　　　　　shǒujī　　　　　　cell-phone
　　　　　　　　　　　　　　　　　携帯電話
　　　　　　　　　　　　　　　　　휴대폰
2. 短信　　　　　duǎnxìn　　　　　short message
　　　　　　　　　　　　　　　　　（携帯電話の）メール
　　　　　　　　　　　　　　　　　메세지

初级口语（1）

二、完成对话 / Complete the dialogue / 对話練習 / 완성 대화

1. A: Nǐ chángcháng gěi＿＿＿＿＿dǎ diànhuà ma?
   你 常常 给＿＿＿＿＿打电话 吗？

   B: Wǒ chángcháng gěi＿＿＿＿＿dǎ diànhuà, huòzhě yòng＿＿＿＿＿
   我 常常 给＿＿＿＿＿打 电话，或者 用＿＿＿＿＿
   gěi＿＿＿＿＿fā＿＿＿＿＿.
   给＿＿＿＿＿发＿＿＿＿＿。

2. A: Nǐ gěi tā＿＿＿＿＿guo＿＿＿＿＿ma?
   你给 他＿＿＿＿＿过＿＿＿＿＿吗？

   B: Wǒ méiyǒu gěi tā＿＿＿＿＿guo＿＿＿＿＿.
   我 没有 给 他＿＿＿＿＿过＿＿＿＿＿。

   A: Nǐ wèishénme bù gěi tā＿＿＿＿＿?
   你 为什么 不给 他＿＿＿＿＿？

   B: Yīnwèi wǒ dān xīn＿＿＿＿＿, érqiě＿＿＿＿＿.
   因为 我 担 心＿＿＿＿＿，而且＿＿＿＿＿。

   A: Xiànzài＿＿＿＿＿bǐ yǐqián＿＿＿＿＿, nǐ yīnggāi shìshi.
   现在＿＿＿＿＿比 以前＿＿＿＿＿，你 应该 试试。

   B: Nǐ shuō de duì, yǐhòu wǒ yídìng yào＿＿＿＿＿.
   你 说 得 对，以后 我 一定 要＿＿＿＿＿。

三、快速朗读 / Read out fast / 速読練習 / 빨리 읽기

Nǐ yòng shénme dǎ diànhuà? Wǒ yòng shǒujī dǎ diànhuà.
你 用 什么 打 电话？我 用 手机 打 电话。
Nǐ yǒu Zhōngguó péngyou ma? Wǒ yǒu yí ge hǎo péngyou.
你 有 中国 朋友 吗？我 有 一个 好 朋友。
Gěi tā dǎ guo diànhuà ma? Wǒ xiǎng gěi tā dǎ diànhuà, dànshì dān xīn tīng bu dǒng,
给 他 打过 电话 吗？我 想 给 他打 电话，但是 担心 听 不 懂，
Hànyǔ shuō de yě bù hǎo, yǐhòu yídìng yào shìshi.
汉语 说 得 也 不 好，以后 一定 要 试试。

四、说一说 / Speak / 言ってみましょう / 말해보기

Shuō yi shuō

Wǒ lái Zhōngguó yǐhòu, wǒ＿＿＿＿＿＿ gěi ＿＿＿＿＿＿ dǎ diànhuà, huòzhě
我 来 中国 以后，我＿＿＿＿＿＿ 给 ＿＿＿＿＿＿ 打 电话，或者

gěi ＿＿＿＿＿ fā E-mail.
给 ＿＿＿＿＿ 发 E-mail。

Yòng diànnǎo fā E-mail hěn ＿＿＿＿＿, ér qiě bǐ ＿＿＿＿＿ piányi.
用 电脑 发 E-mail 很 ＿＿＿＿＿, 而且 比 ＿＿＿＿＿ 便宜。

Dànshì, wǒ méiyǒu gěi ＿＿＿＿＿＿ dǎ guo diànhuà, yīnwèi wǒ
但是，我 没有 给 ＿＿＿＿＿＿ 打 过 电话，因为 我

dān xīn ＿＿＿＿＿, érqiě ＿＿＿＿＿.
担 心 ＿＿＿＿＿, 而且 ＿＿＿＿＿。

Dànshì, yǐhòu wǒ yídìng ＿＿＿＿＿＿＿＿.
但是，以后 我 一定 ＿＿＿＿＿＿＿＿。

补充 练习 / Additional exercises / 補足練習 / 보충연습

Bǔchōng liànxí

一、朗读 / Read aloud / 朗読 / 읽기

Lǎngdú

gěi → Wǒ gěi tā → Wǒ gěi tā dǎ diànhuà.
1. 给 → 我 给 他 → 我 给 他 打 电话。

yòng → yòng diànnǎo xiě zì → Yòng diànnǎo xiě zì hěn fāngbiàn.
2. 用 → 用 电脑 写字 → 用 电脑 写字 很 方便。

dān xīn → wǒ dān xīn → Wǒ dān xīn tīng bu dǒng.
3. 担心 → 我 担心 → 我 担心 听不懂。

初级口语（1）

二、组句 / Combine the following phrases into sentences /
以下の語を正しい順序にして文を作りなさい /
단어를 재배열하여 문장을 완성하시오

1. 我　给　没有　打　电话　过　他

2. 电脑　发 E-mail　方便　很　用

3. 发 E-mail　便宜　打电话　比

三、造句 / Make sentences with the following word or phrase /
作文 / 작문

1. 用…… + 动词(v.)……

2. 担心

Kèwén
课文 2 / Text 2
本文 2 / 본문 2

A: Wèi!
  喂！

B: Qǐngwèn, Wáng Huá zài ma?
  请问，王 华 在 吗？

A: Wǒ jiù shì.
  我 就 是。

B: Wǒ shì Fāng Lì. Xiànzài nǐ yǒu kòng ma?
  我 是 方力。现在 你 有 空 吗？

A: Nǐ yǒu shénme shì?
  你 有 什么 事？

B: Wǒ xiǎng qù yóujú jì xìn, nǐ néng gēn wǒ yìqǐ qù ma?
  我 想 去 邮局 寄信，你 能 跟 我 一起 去 吗？

A: Duìbuqǐ, xiànzài wǒ méiyǒu kòng, wǒ zài shàngwǎng.
  对不起，现在 我 没有 空，我 在 上网。

B: Nǐ zài wǎngshàng zuò shénme?
  你 在 网上 做 什么？

A: Wǒ zài kàn wǎng shàng de xīnwén.
  我 在 看 网 上 的 新闻。

B: Nàme, xiàwǔ wǒ zài gēn nǐ liánxì.
  那么，下午 我 再 跟 你 联系。

Cíyǔ
词语 / Words / 語句 / 단어

1. 喂	wèi	hi, Hello	もしもし 여보세요

2. 空	kòng	free time 暇、空き時間 여유, 틈, 시간
3. 事	shì	thing, case 事 일
4. 邮局	yóujú	post office 郵便局 우체국
5. 寄	jì	to post 送る 부치다, 보내다
6. 上网	shàng wǎng	to surf the internet ネットをする 인터넷[네트워크]에 접속하다
7. 网上	wǎng shàng	on the internet ネット上 인터넷상
8. 新闻	xīnwén	news ニュース 뉴스
9. 那么	nàme	then ～ならば、それでは 그러면, 그렇다면
10. 联系	liánxì	to contact 連絡（する） 연락하다

练习 / Exercises
練習 / 연습
Liànxí

一、替换 练习 / Substitution drills / 言い換え練習 / 대환 연습
Tìhuàn liànxí

1. A：现在你有空吗？
   Xiànzài nǐ yǒu kòng ma?

   B：对不起，现在我没有空，我在给朋友 写信。
   Duìbuqǐ, xiànzài wǒ méiyǒu kòng, wǒ zài gěi péngyou xiě xìn.

   | 发 E-mail |
   | *fā E-mail* |
   | 做饭 |
   | *zuò fàn* |

   A：那么，明天我再 跟你联系。
   Nàme, míngtiān wǒ zài gēn nǐ liánxì.

   | 给你打 电话 |
   | *gěi nǐ dǎ diànhuà* |

2. A：现在你有 空 吗？
   Xiànzài nǐ yǒu kòng ma?

   | 事 |
   | *shì* |

   B：现在我 有空， 你有什么事？
   Xiànzài wǒ yǒu kòng, nǐ yǒu shénme shì?

   | 没有事 |
   | *méiyǒu shì* |

   A：我想 跟你一起 出去玩儿。
   Wǒ xiǎng gēn nǐ yīqǐ chūqù wánr.

   | 去 酒吧 |
   | *qù jiǔbā* |
   | 去 茶吧 |
   | *qù chábā* |

初级口语（1）

　　　　　Hǎo. Děng yíhur　wǒ qù nǐ jiā,　　wǒmen yìqǐ qù.
　　B：好。等 一会儿 我 去 你 家，我们 一起 去。
　　　　　　　　　　　nǐ lái wǒ de sùshè
　　　　　　　　　　　你 来 我 的 宿舍

　　　　　Xiànzài, nǐ zài zuò shénme?
3. A：现在，你 在 做 什么？
　　　　　Xiànzài, wǒ zài jiǔbā hē jiǔ.
　　B：现在，我 在 酒吧 喝 酒。
　　　　　　　　fángjiān lǐ tīng yīnyuè
　　　　　　　　房间 里 听 音乐
　　　　　　　　shāngdiàn mǎi yīnyuè cídài
　　　　　　　　商店 买 音乐 磁带
　　　　　　　　péngyou jiā zuòkè
　　　　　　　　朋友 家 做客

Bǔchōng cíyǔ
补充　词语 / Additional words / 補足単語 / 보충 단어

1. 酒吧　　　　jiǔbā　　　　　　bar
　　　　　　　　　　　　　　　　バー・居酒屋
　　　　　　　　　　　　　　　　술집, 바

2. 茶吧　　　　chábā　　　　　　Tea bar
　　　　　　　　　　　　　　　　喫茶店
　　　　　　　　　　　　　　　　찻집

Wánchéng duìhuà
二、完成　对话 / Complete the dialogue / 对話練習 / 완성 대화

　　　　Wèi!
　　A：喂！
　　　　Qǐngwèn,　　　zài ma?
　　B：请问，_____ 在 吗？
　　　　Wǒ jiù shì.
　　A：我 就 是。
　　　　Wǒ shì_____. Xiànzài nǐ yǒu kòng ma?
　　B：我 是 _____。现在 你 有 空 吗？

Nǐ yǒu shénme shì?
A：你有 什么 事？

Wǒ xiǎng qù_____, nǐ néng gēn wǒ yìqǐ qù ma?
B：我 想 去_____,你 能 跟 我 一起 去 吗？

Duìbuqǐ, xiànzài wǒ méiyǒu kòng, wǒ zài_____.
A：对不起，现在 我 没有 空，我 在_____。

Nǐ zài_____zuò shénme?
B：你 在_____做 什么？

Wǒ zài_____.
A：我 在_____。

Nàme, xiàwǔ wǒ zài gēn nǐ liánxì.
B：那么,下午 我 再 跟 你 联系。

Kuàisù lǎngdú
三、快速 朗读 / Read out fast / 速読練習 / 빨리 읽기

Xiànzài nǐmen yǒu kòng ma? Xiànzài wǒmen méiyǒu kòng.
现在 你们 有 空 吗？现在 我们 没有 空。
Qǐngwèn nǐ yǒu shénme shì? Xiànzài wǒ xiǎng qù yóujú, xiǎng gēn nǐmen yìqǐ qù.
请问 你有 什么 事？现在 我 想 去 邮局，想 跟 你们 一起 去。
Xiànzài wǒmen méiyǒu kòng, yào qù xuéxiào xué Hànyǔ, míngtiān zài gēn nǐ liánxì.
现在 我们 没有 空，要 去 学校 学 汉语，明天 再 跟 你 联系。

Shuō yi shuō
四、说 一 说 / Speak / 言ってみましょう / 말해보기

Zuótiān xiàwǔ, wǒ gěi_____dǎle diànhuà, wǒ wèn tā yǒu méiyǒu kòng.
昨天 下午,我 给_____打了 电话，我 问 他 有 没有 空。
Tā wèn wǒ:" nǐ yǒu_____?"
他 问 我:"你 有_____？"
Wǒ shuō:"_____." Tā shuō:"duìbuqǐ, xiànzài wǒ zài_____."
我 说:"_____。"他 说:"对不起,现在 我 在_____。"
Wǒ wèn tā: " xiànzài nǐ zài_____zuò shénme?" Tā gàosu wǒ,
我 问 他:"现在 你 在_____做 什么？"他告诉 我,
tā zài_____. Wǒ shuō:"nàme,míngtiān wǒ zài_____."
他 在_____。我 说:"那么,明天 我 再_____。"

初级口语（1）

Bǔchōng liànxí
补充 练习 / Additional exercises

補足練習 / 보충연습

Lǎngdú
一、朗读 / Read aloud / 朗読 / 읽기

kòng → yǒu kòng → méiyǒu kòng → Wǒ méiyǒu kòng.
1. 空 → 有 空 → 没有 空 → 我 没有 空。

shì → shénme shì → yǒu shénme shì → Nǐ yǒu shénme shì?
2. 事 → 什么 事 → 有 什么 事 → 你 有 什么 事？

liánxì → gēn tā liánxì → wǒ gēn tā liánxì → Míngtiān wǒ zài gēn tā liánxì.
3. 联系 → 跟 他 联系 → 我 跟 他 联系 → 明天 我 再 跟 他 联系。

Zǔ jù
二、组句 / combine the following words into sentences /
以下の語を正しい順序にして文を作りなさい /
단어를 재배열하여 문장을 완성하시오

wǒ méiyǒu xiànzài kòng
1. 我 没有 现在 空

yǒu nǐ shì shénme
2. 有 你 事 什么

wǒ gēn néng qù yìqǐ nǐ wǎngbā
3. 我 跟 能 去 一起 你 网吧

míngtiān wǒ liánxì zài nǐ gēn
4. 明天 我 联系 再 你 跟

Zào jù
三、造句 / Make sentences with the following word or phrase /
作文 / 작문

kòng
1. 空

liánxì
2. 联系

Dì-shísì kè　　Shēntǐ yǔ jiànkāng
第十四课　身体 与 健康
Lesson 14　　Body and Health
第十四課　　身体と健康

제 14 과　　몸 과 건강

Kèwén
课文 1 / Text 1
本文 1 / 본문 1

　　　Píngshí nǐ duànliàn shēntǐ ma?
A: 平时 你 锻炼 身体 吗?
　　　Píngshí wǒ měitiān dōu duànliàn shēntǐ.
B: 平时 我 每天 都 锻炼 身体。
　　　Nǐ zěnme duànliàn ne?
A: 你 怎么 锻炼 呢?
　　　Wǒ měitiān dōu chūqù sàn bù.
B: 我 每天 都 出去 散步。
　　　Nǐ yìbān zǒu duō cháng shíjiān?
A: 你 一般 走 多 长 时间?
　　　Wǒ dàgài zǒu yí ge xiǎoshí.
B: 我 大概 走 一 个 小时。
　　　Nǐ sàn bù de shíhou, zǒu de kuài bu kuài?
A: 你 散步 的 时候, 走 得 快 不 快?
　　　Wǒ sàn bù de shíhou, zǒu de bǐjiào màn.
B: 我 散步 的 时候, 走 得 比较 慢。
　　　Duō yùndòng duì jiànkāng yǒu hǎochu.
A: 多 运动 对 健康 有 好处。
　　　Duì. Rúguǒ duō yùndòng, shēntǐ huì yuèláiyuè hǎo.
B: 对。如果 多 运动, 身体 会 越来越 好。

初级口语 (1)

Cíyǔ
词语 / Words / 語句 / 단어

1.	平时	píngshí	at ordinary times 普段 평소, 평상시
2.	锻炼	duànliàn	to do exercises 鍛える 단련하다
3.	身体	shēntǐ	body 体 신체
4.	散步	sàn bù	take a walk 散步 산책하다, 산보하다
5.	一般	yìbān	usually 普通 보통, 늘, 일반적으로
6.	快	kuài	quick 早い、速い 빠르다
7.	慢	màn	slow 遅い 느리다
8.	健康	jiànkāng	health 健康 건강
9.	好处	hǎochu	benefit, advantage 有利な点、得 장점, 좋은점
10.	越来越	yuèláiyuè	more and more だんだん、ますます 점점, 더욱더

Liànxí
练习 / Exercises
練習 / 연습

Tìhuàn liànxí
一、练习 / Substitution drills / 言い換え練習 / 대환 연습

1. A: Píngshí nǐ duànliàn shēntǐ ma?
   平时 你 锻炼 身体 吗?

   B: Píngshí wǒ chángcháng duànliàn.
   平时 我 常常 锻炼。
   měitiān dōu
   每天 都

   A: Nǐ zěnme duànliàn ne?
   你 怎么 锻炼 呢?

   B: Wǒ chángcháng pǎo bù.
   我 常常 跑步。
   yóu yǒng
   游泳

   A: Nǐ yìbān pǎo duō cháng shíjiān?
   你 一般 跑 多 长 时间?
   yóu
   游

   B: Wǒ dàgài pǎo yí kè zhōng.
   我大概 跑一刻 钟。
   yóu bàn ge xiǎoshí
   游半个 小时

2. A: Nǐ pǎo bù de shíhou, pǎo de kuài bu kuài?
   你 跑步 的时候, 跑 得 快不快?
   yóu yǒng   yóu
   游泳   游

   B: Wǒ pǎo bù de shíhou, pǎo de bú tài kuài.
   我 跑步 的时候, 跑得 不太快。
   yóu yǒng   yóu   bǐjiào màn
   游泳   游   比较 慢

3. A: Duō yùndòng duì shēntǐ yǒu hǎochu.
   多 运动 对 身体 有 好处。
   duànliàn   jiànkāng
   锻炼   健康

193

短平快汉语
初级口语（1）

Duì. Rúguǒ duō yùndòng, shēntǐ huì yuèláiyuè hǎo.
B：对。如果 多 运动， 身体 会 越来越 好。

duànliàn　　　　　jiànkāng
锻炼　　　　　　健康

Wánchéng duìhuà
二、完成 对话 / Complete the dialogue / 对话練習 / 완성 대화

Píngshí nǐ chángcháng duànliàn shēntǐ ma?
1. A：平时 你 常常 锻炼 身体 吗？
   Píngshí wǒ_____
   B：平时 我_____。

   Nǐ zěnme duànliàn ne?
   A：你 怎么 锻炼 呢？
   Wǒ duì_____yǒu xìngqù, suǒyǐ wǒ_____.
   B：我 对_____有 兴趣，所以 我_____。

   Nǐ yìbān_____duō cháng shíjiān?
   A：你 一般_____多 长 时间？
   Wǒ dàgài_____.
   B：我 大概_____。

   Duō_____duì_____yǒu hǎochu.
2. A：多_____对_____有 好处。

   Nǐ shuō de duì. Rúguǒ duō_____, shēntǐ huì yuèláiyuè_____.
   B：你 说 得 对。如果 多_____，身体 会 越来越_____。

Kuàisù lǎngdú
三、快速 朗读 / Read out fast / 速読練習 / 빨리 읽기

Nǐ de shēntǐ hǎo bu hǎo? Wǒ de shēntǐ fēicháng hǎo.
你的身体 好不好？我的身体 非常 好。
Píngshí duànliàn shēntǐ ma? Píngshí měitiān dōu duànliàn.
平时 锻炼 身体 吗？平时 每天 都 锻炼。
Zěnme duànliàn shēntǐ ne? Wǒ duì yóu yǒng yǒu xìngqù, měitiān dōu yóu bàn xiǎoshí.
怎么 锻炼 身体 呢？我 对 游泳 有 兴趣，每天 都 游 半小时。
Zhè duì jiànkāng yǒu hǎochu, shēntǐ yuèláiyuè jiànkāng.
这 对 健康 有 好处，身体 越来越 健康。

Shuōyishuō
四、说一说 / Speak / 言ってみましょう / 말해보기

Píngshí wǒ chángcháng duànliàn＿＿＿＿＿＿＿＿＿＿＿＿＿＿＿＿．
平时 我 常常 锻炼＿＿＿＿＿＿＿＿＿＿＿＿＿＿＿＿。

Yīnwèi wǒ duì＿＿＿yǒu xìngqù, suǒyǐ yǒu kòng de shíhou, wǒ chángcháng＿＿＿．
因为 我 对＿＿＿有 兴趣，所以 有 空 的 时候，我 常常＿＿＿。

Wǒ juéde duō duànliàn duì＿＿＿yǒu hǎochu, shēntǐ yěhuì yuèláiyuè＿＿＿．
我 觉得 多 锻炼 对＿＿＿有 好处，身体 也会 越来越＿＿＿。

Bǔchōng liànxí
补充 练习 / Additional exercises
補足練習 / 보충연습

Lǎngdú
一、朗读 / Read aloud / 朗読 / 읽기

1. hǎochu → yǒu hǎochu → duì shēntǐ yǒu hǎochu → Yùndòng duì shēntǐ yǒu hǎochu.
   好处 → 有 好处 → 对 身体 有 好处 → 运动 对 身体 有 好处。

2. yuèláiyuè → yuèláiyuè hǎo → shēntǐ yuèláiyuè hǎo → Wǒ de shēntǐ yuè lái yuè hǎo.
   越来越 → 越来越 好 → 身体 越来越 好 → 我 的 身体 越来越 好。

3. duō cháng → duō cháng shíjiān → duànliàn duō cháng shíjiān → Nǐ duànliàn duō cháng shíjiān?
   多 长 → 多 长 时间 → 锻炼 多 长 时间 → 你 锻炼 多 长 时间？

初级口语（1）

      Zǔ jù
二、组句 / Combine the following phrases into sentences /
以下の語を正しい順序にして文を作りなさい /
단어를 재배열하여 문장을 완성하시오

měitiān	yùndòng	shíjiān	nǐ	duō	cháng
1. 每天	运动	时间	你	多	长

yǒu	duì	duō	hǎochu	duànliàn	shēntǐ
2. 有	对	多	好处	锻炼	身体

wǒ	shēntǐ	yuèláiyuè	huì	hǎo	de
3. 我	身体	越来越	会	好	的

      Zào jù
三、造句 / Make sentences with the following word or phrase /
作文 / 작문

    yuèláiyuè...
1. 越来越……

    duì... (méi) yǒu hǎochu
2. 对……（没）有 好处

Kèwén
课文 2 / Text 2
本文 2 / 본문 2

A: Zuìjìn nǐ shēntǐ zěnmeyàng?
最近你身体怎么样?

B: Zuìjìn wǒ shēntǐ bú tài shūfu,
最近我身体不太舒服,
yǒushíhou tóuténg, yǒu shíhou késou.
有时候头疼,有时候咳嗽。

A: Nǐ qù yīyuàn kàn bìng le ma?
你去医院看病了吗?

B: Wǒ méiyǒu qù yīyuàn kàn bìng, wǒ zìjǐ chīle yào.
我没有去医院看病,我自己吃了药。

A: Nǐ lái Zhōngguó de shíhou, nǐ dàile yìxiē yào ma?
你来中国的时候,你带了一些药吗?

B: Duì. Wǒ lái Zhōngguó de shíhou, dàile yìxiē yào.
对。我来中国的时候,带了一些药。

A: Xiànzài nǐ de shēntǐ hǎo yìdiǎnr le ma?
现在你的身体好一点儿了吗?

B: Xiànzài wǒ de shēntǐ hǎo yìdiǎnr le.
现在我的身体好一点儿了。

A: Zuìjìn tiānqì bǐ yǐqián lěng le, qǐng zhùyì shēntǐ.
最近天气比以前冷了,请注意身体。

B: Xièxie! Tiānqì yuèláiyuè lěng le, qǐng nǐ yě zhùyì shēntǐ.
谢谢!天气越来越冷了,请你也注意身体。

短平快汉语

初级口语（1）

Cíyǔ
词语 / Words / 語句 / 단어

1.	最近	zuìjìn	recently 最近 최근, 요즈음
2.	舒服	shūfu	comfortable 気持ちよい、心地よい 편안하다
3.	头	tóu	head 頭 머리
4.	疼	téng	ache, pain 痛い、痛む 아프다
	头疼	tóu téng	to have a headache 頭痛 머리가 아프다
5.	咳嗽	késou	to cough 咳（をする） 기침하다
6.	医院	yīyuàn	hospital 病院 의원, 병원
7.	病	bìng	illness 病気 병
8.	看病	kàn bìng	to see a doctor 医者にかかる 진찰을 받다, 병원에 가다
9.	药	yào	medicine 薬 약
10.	注意	zhùyì	to pay attention to 注意する、気をはける 주의하다, 조심하다

198

Liànxí
练习 / Exercises
練習 / 연습

Tìhuàn liànxí
一、替换 练习 / Substitution drills / 言い換え練習 / 대환 연습

1. A: Zuìjìn nǐ shēntǐ zěnmeyàng?
   最近 你 身体 怎么样？

   B: Zuìjìn wǒ shēntǐ bú tài shūfu, wǒ gǎnmào le.
   最近 我 身体 不太 舒服, 我 感冒 了。

bú tài hǎo	wèi téng
不太 好	胃 疼
bú tài hǎo	lā dùzi
不太 好	拉 肚子

2. A: Nǐ bìng le ma?   B: Wǒ bìng le.
   你 病 了吗？   我 病 了。

   gǎnmào   gǎnmào
   感冒   感冒

   A: Nǐ qù yīyuàn kàn bìng le ma?
   你 去 医院 看 病 了吗？

   B: Wǒ qù yīyuàn kàn bìng le, yīshēng gěi wǒ yào le.
   我 去 医院 看 病 了, 医生 给 我 药 了。

   Méiyǒu qù yīyuàn kàn bìng, wǒ zìjǐ zài jiā lǐ xiūxi
   没有 去 医院 看病, 我 自己 在 家里 休息

3. A: Xiànzài nǐ de bìng hǎo yìdiǎnr le ma?
   现在 你 的 病 好 一点儿 了吗？

   gǎnmào
   感冒

短平快汉语

初级口语（1）

B：现在 我的 病 好一点儿 了。
Xiànzài wǒ de bìng hǎo yìdiǎnr le.

感冒 还 没有 好
gǎnmào hái méiyǒu hǎo

补充 词语 / Additional words / 補足単語 / 보충 단어

1. 感冒	gǎnmào	to have a cold
		風邪
		감기에 걸리다
2. 胃	wèi	stomach
		胃
		위
3. 拉肚子	lā dùzi	to have diarrhea
		下痢
		설사하다
4. 医生	yīshēng	doctor
		医者
		의사
5. 休息	xiūxi	to have a rest
		休み、休息
		쉬다. 휴식을 하다

二、完成 对话 / Complete the dialogue / 対話練習 / 완성 대화
Wánchéng duìhuà

1. A：＿＿＿＿＿＿＿＿＿＿＿＿＿＿，你 身体 怎么样？
　　　　　　　　　　　　　　　 nǐ shēntǐ zěnmeyàng?

B：＿＿＿＿，我 身体 不太＿＿＿＿，我＿＿＿＿了。
　　　　　 wǒ shēntǐ bú tài 　　　　　 wǒ 　　　　 le.

A：你 去 医院 看 病 了 吗？
　 Nǐ qù yīyuàn kàn bìng le ma?

B：我＿＿＿＿＿＿＿＿＿＿＿＿＿＿＿＿＿＿＿。
　 Wǒ

B：我＿＿＿＿＿＿＿＿＿＿＿＿＿＿＿＿＿＿＿。

200

第十四课　身体与健康

　　　　Xiànzài nǐ de＿＿＿＿＿＿＿＿＿＿＿＿hǎo yìdiǎnr le ma?
　A：现在 你的＿＿＿＿＿＿＿＿＿＿＿＿好 一点儿 了吗？
　　　　Xiànzài wǒ de＿＿＿＿＿＿＿＿＿＿＿＿＿＿＿＿．
　B：现在 我 的＿＿＿＿＿＿＿＿＿＿＿＿＿＿＿＿。

　　　　　Lái Zhōngguó de shíhou, nǐ dàile yìxiē yào ma?
2. A：来　中国 的时候，你 带了 一些 药 吗？
　　　　　Lái Zhōngguó de shíhou, wǒ＿＿＿＿＿＿＿＿＿＿＿＿．
　B：来　中国 的 时候，我＿＿＿＿＿＿＿＿＿＿＿＿。

　　　　　Xiànzài tiānqì bǐ yǐqián＿＿＿＿＿＿＿le, qǐng zhùyì shēntǐ.
3. A：现在 天气 比 以前＿＿＿＿＿＿了，请 注意 身体。
　　　　　Xièxie! Tiānqì yuèláiyuè＿＿＿＿＿＿le, qǐng nǐ yě＿＿＿＿＿．
　B：谢谢！天气 越来越＿＿＿＿＿＿了，请 你 也＿＿＿＿＿。

　　Kuàisù lǎngdú
三、快速 朗读 / Read out fast / 速読練習 / 빨리 읽기

　　　Zuìjìn shēntǐ zěnmeyàng? Zuìjìn shēntǐ bú tài hǎo.
　　最近 身体 怎么 样？ 最近 身体 不太 好。
　　　Juéde nǎr bùshūfu? yǒu de shíhou tóu téng, yǒu de shíhou késou.
　　觉得 哪儿不 舒服？ 有 的 时候 头 疼，有 的 时候 咳嗽。
　　　Wǒ qù yīyuàn kànle bìng, yīshēng gěi wǒ chīle yào.
　　我 去 医院 看了 病，医生 给我 吃了 药。
　　　Xiànzài juéde hǎo diǎnr ma? Xiànzài juéde hǎo diǎnr le.
　　现在 觉得 好 点儿 吗？ 现在 觉得 好 点儿 了。
　　　Zhùyì shēntǐ duō duànliàn, shǎo qù yīyuàn shǎo chī yào.
　　注意 身体 多 锻炼，少 去 医院 少 吃药。

　　Shuō yi shuō
四、说 一 说 / Speak / 言ってみましょう / 말해보기

　　　Zuìjìn wǒ de shēntǐ bú tài＿＿＿＿＿＿, wǒ＿＿＿＿＿＿＿＿le.
　　最近 我 的 身体 不太＿＿＿＿＿，我＿＿＿＿＿＿＿＿了。
　　　Wǒ qù yīyuàn kàn＿＿＿＿, yīshēng gěi wǒ＿＿＿＿＿＿．
　　我 去 医院 看＿＿＿＿，医生 给 我＿＿＿＿＿＿。
　　　Xiànzài wǒ de shēntǐ＿＿＿＿＿＿＿＿＿＿＿＿＿le.
　　现在 我 的 身体＿＿＿＿＿＿＿＿＿＿＿＿＿了。

短平快汉语

初级口语（1）

Yǐhòu wǒ yào duō zhùyì_____,hái yào duō_____.
以后 我 要 多 注意_____,还 要 多_____。

Bǔchōng liànxí
补充 练习 / Additional exercises
補足練習 / 보충연습

Lǎngdú
一、朗读 / Read aloud / 朗読 / 읽기

shūfu → bù shūfu → shēntǐ bù shūfu → Wǒ de shēntǐ bù shūfu.
1. 舒服 → 不 舒服 → 身体 不 舒服 → 我 的 身体 不 舒服。

kàn bìng → qù yīyuàn kàn bìng → Wǒ qù yīyuàn kàn bìng.
2. 看 病 → 去 医院 看 病 → 我 去 医院 看 病。

zhùyì → zhùyì shēntǐ → qǐng zhùyì shēntǐ → Qǐng nǐ zhùyì shēntǐ.
3. 注意 → 注意 身体 → 请 注意 身体 → 请 你 注意 身体。

Zǔ jù
二、组句 / Combine the following phrases into sentences / 以下の語を正しい順序にして文を作りなさい / 단어를 재배열하여 문장을 완성하시오

    de   wǒ   shēntǐ   shūfu   bú tài
1. 的   我   身体   舒服   不太

    tā   yīyuàn   bìng   yào   kàn   qù
2. 他   医院   病   要   看   去

    bìng   yìdiǎnr   le   hǎo   de   tā
3. 病   一点儿   了   好   的   他

三、造句 / Make sentences with the following words or phrase / 작문

1. 舒服 (shūfu)

2. 注意 (zhùyì)

3. 形容词 (xíngróngcí *adj.*) + 一点儿 (yìdiǎnr)

Dì-shíwǔ kè Lǚxíng yǔ zhùsù
第十五课 旅行 与 住宿
Lesson 15   Trip and Finding Accommodation
第十五課   旅行と宿泊
제 15 과   여행 과 숙소

Kèwén
课文 1 / Text 1
本文 1 / 본문 1

A: Jiàqī lǐ, nǐ dǎsuan zuò shénme?
　 假期里,你打算 做 什么？
B: Wǒ dǎsuan qù lǚxíng.
　 我 打算 去旅行。
A: Nǐ dǎsuan qù shénme dìfang?
　 你打算 去 什么 地方？
B: Tīngshuō Hángzhōu de fēngjǐng hěn yōuměi, suǒyǐ wǒ kěnéng
　 听说   杭州 的 风景 很 优美, 所以 我 可能
   qù Hángzhōu.
   去 杭州。
A: Nǐ zuò huǒchē qù háishi zuò qìchē qù?
　 你坐火车 去还是 坐 汽车 去？
B: Rúguǒ néng mǎidào huǒchē piào, wǒ jiù zuò huǒchē qù.
　 如果 能 买到 火车 票, 我 就 坐 火车 去。
A: Zuò huǒchē bǐ zuò qìchē shūfu, érqiě huǒchē bǐ qìchē kuài.
　 坐 火车 比 坐 汽车 舒服, 而且 火车 比汽车 快。
B: Duì. Rúguǒ zuò huǒchē, lùshang yě bú huì dǔ chē.
　 对。如果 坐 火车, 路上 也 不会 堵 车。
A: Nǐ zhǔnbèi shénme shíhou chūfā?
　 你 准备 什么 时候 出发？
B: Xiànzài wǒ hái méiyǒu juédìng.
　 现在 我 还 没有 决定。

词语 / Words / 語句 / 단어

1. 假期	jiàqī		holiday 休み 휴일, 휴가
2. 旅行	lǚxíng		to travel 旅行 여행
3. 听说	tīngshuō		hear of, hear about 聞いたところによると 들은 바로는
4. 风景	fēngjǐng		landscape 風景 풍경, 경치
5. 火车	huǒchē		train 汽車 기차
6. 路上	lùshang		on the road 道中 도중, 도로상에
7. 堵车	dǔ chē		traffic jam 渋滞 교통체증
8. 准备	zhǔnbèi		to prepare 準備(する) ~하려고 하다, ~할 작정[계획]이다
9. 出发	chūfā		to start off, to set out 出発(する) 출발하다
10. 决定	juédìng		to decide 決定(する)、決める 결정하다

205

Liànxí
练习 / Exercises
練習 / 연습

Tìhuàn liànxí
一、替换 练习 / Substitution drills / 言い換え練習 / 대환 연습

        Jiàqī lǐ, nǐ dǎsuan zuò shénme?
1. A：假期 里，你 打算 做 什么？

    Wǒ dǎsuan qù lǚxíng.
  B：我 打算 去 旅行。
          cānguān yóulǎn
          参观 游览

    Nǐ dǎsuan qù shénme dìfang?
  A：你打算 去 什么 地方？

    Tīngshuō Běijīng yǒu hěn duō míngshèng gǔjì, suǒyǐ wǒ kěnéng
  B：听说 北京 有 很 多 名胜 古迹，所以 我 可能
        Qīngdǎo hěn piàoliang
        青岛 很 漂亮

    qù Běijīng.
  去 北京。
    Qīngdǎo lǚxíng
    青岛 旅行

        Nǐ zuò fēijī qù háishi zuò huǒchē qù?
2. A：你 坐 飞机 去 还是 坐 火车 去？
          huǒchē   chuán
          火车   船

    Rúguǒ néng mǎi dào fēijī piào, wǒ jiù zuò fēijī qù.
  B：如果 能 买到 飞机票，我 就 坐 飞机 去。
          chuán piào   chuán
          船 票   船

3. A：你 准备 什么 时候 出发？
   Nǐ zhǔnbèi shénme shíhou chūfā?

   B：我 准备 下 个 星期 出发。
   Wǒ zhǔnbèi xià ge xīngqī chūfā.

   yuè
   月

补充 词语 / Additional words / 補足単語 / 보충 단어
Bǔchōng cíyǔ

1. 名胜古迹　　míngshèng gǔjì　　scenic spots and historical sites
   名所旧跡
   명승고적

2. 船　　　　　chuán　　　　　　ship
   船
   배

二、完成 对话 / Complete the dialogue / 対話練習 / 완성 대화
Wánchéng duìhuà

1. A：假期 里，你 打算 做 什么？
   Jiàqī lǐ, nǐ dǎsuan zuò shénme?

   B：我 打算_____。
   Wǒ dǎsuan_____.

   A：你 打算 去 什么 地方？
   Nǐ dǎsuan qù shénme dìfang?

   B：听说_____，所以 我 可能 去_____。
   Tīngshuō_____, suǒyǐ wǒ kěnéng qù_____.

2. A：你 去 那儿的 时候，你 坐_____去 还是_____去？
   Nǐ qù nàr de shíhou, nǐ zuò_____qù háishi_____qù?

   B：如果 能_____，我 就 坐_____去。
   Rúguǒ néng_____, wǒ jiù zuò_____qù.

   A：坐_____比_____。
   Zuò_____bǐ_____.

初级口语（1）

　　　　　　Duì, érqiě_____ bǐ_____.
B：对，而且_____比_____。
　　　　　　Nǐ zhǔnbèi shénme shíhou chūfā?
A：你 准备 什么 时候 出发？
　　　　　　Wǒ_____.
B：我_____。

Kuàisù lǎngdú
三、快速 朗读 / Read out fast / 速読練習 / 빨리 읽기

Xià ge xīngqī yǒu jiàqī, nǐmen dǎsuan zuò shénme?
下 个 星期 有 假期，你们 打算 做 什么？
Wǒmen dǎsuan qù lǚxíng.
我们 打算 去 旅行。
Tīngshuō Hángzhōu fēngjǐng hǎo, suǒyǐ kěnéng qù nàr.
听说 杭州 风景 好，所以 可能 去 那儿。
Nǐmen zěnme qù nàr?
你们 怎么 去 那儿？
Rúguǒ mǎidào huǒchē piào, wǒmen jiù zuò huǒchē qù.
如果 买到 火车 票，我们 就 坐 火车 去。
Zhǔnbèi shénme shíhou qù?
准备 什么 时候 去？
Xiànzài wǒmen méi juédìng.
现在 我们 没 决定。

Shuō yi shuō
四、说 一 说 / Speak / 言ってみましょう / 말해보기

Jiàqī lǐ, wǒ dǎsuan qù_____.
假期 里，我 打算 去_____。
Tīngshuō_____, suǒyǐ wǒ kěnéng qù_____.
听说_____，所以 我 可能 去_____。
Rúguǒ_____, wǒ jiù_____, yīnwèi_____ bǐ_____, érqiě,_____.
如果_____，我 就_____，因为_____比_____，而且，_____。
Dànshì, shénme shíhou qù nàr, xiànzài wǒ hái méiyǒu_____.
但是，什么 时候 去 那儿，现在 我 还 没有_____。

Bǔchōng liànxí
补充 练习 / Additional exercises
補足練習 / 보충연습

Lǎngdú
一、朗读 / Read aloud / 朗読 / 읽기

1. zhǔnbèi → zhǔnbèi qù → zhǔnbèi qù nàr → Wǒ zhǔnbèi qù nàr.
   准备 → 准备 去 → 准备 去 那儿 → 我 准备 去 那儿。

2. juédìng → méi juédìng → hái méi juédìng → Wǒ hái méi juédìng.
   决定 → 没 决定 → 还 没 决定 → 我 还 没 决定。

3. chūfā → shénme shíhou chūfā → zhǔnbèi shénme shíhou chūfā → Nǐ zhǔnbèi shénme shíhou chūfā?
   出发 → 什么 时候 出发 → 准备 什么 时候 出发 → 你 准备 什么 时候 出发?

Zǔ jù
二、组句 / Combine the following phrases into sentences / 以下の語を正しい順序にして文を作りなさい / 단어를 재배열하여 문장을 완성하시오

1. lùshang dǔ huì chē bú
   路上   堵   会   车   不

2. zhǔnbèi shénme nǐ qù shíhou
   准备   什么   你   去   时候

3. méi wǒ xiànzài juédìng hái
   没   我   现在   决定   还

209

短平快汉语

初级口语（1）

三、 Zào jù
造句 / Make sentences with the following words or phrase / 作文 / 작문

1. rúguǒ...... jiù......
   如果……就……

2. tīngshuō
   听说

3. zhǔnbèi
   准备

4. juédìng
   决定

Kèwén
课文 2 / Text 2
본문 2

A: Xiǎojiě, wǒ yào yí ge fángjiān.
   小姐，我要一个房间。

B: Nín yào biāozhǔn fáng háishi tàofáng?
   您要标准房还是套房？

A: Wǒ yào yí ge biāozhǔn fáng. Yì tiān duōshao qián?
   我要一个标准房。一天多少钱？

B: Yì tiān èr bǎi bāshí yuán, nín zhǔnbèi zhù jǐ tiān?
   一天二百八十元，您准备住几天？

A: Dàgài zhù sān tiān.
   大概住三天。

B: Qǐng gěi wǒ kànkan nín de hùzhào.
   请给我看看您的护照。

A: Hǎo de, zhè shì wǒ de hùzhào.
   好的，这是我的护照。

B: Qǐng tián yíxià zhùsù dēngjì dān.
   请填一下住宿登记单。

A: Hǎode. ... Wǒ tián hǎo le.
   好的。……我填好了。

B: Nín zhù 1205 hào fángjiān, zhè shì yàoshi, qǐng ná hǎo.
   您住1205号房间，这是钥匙，请拿好。

Cíyǔ
词语 / Words / 語句 / 단어

1. 标准   biāozhǔn   standard
   標準
   표준

短平快汉语

初级口语（1）

2. 套房	tàofáng	suite スイートルーム 스위트룸
3. 护照	hùzhào	passport パスポート 여권
4. 填	tián	to fill in 記入する 채우다, 메우다
5. 一下	yíxià [dòngcí(v.) + yíxià]	in a short while ちょっと〜する 한번 〜해보다
6. 住宿	zhùsù	accommodation 泊まる 묵다, 숙박하다
7. 登记	dēngjì	to register 登録する 등기하다
8. 单	dān	list リスト 명부, 명단, 일람표
登记单	dēngjì dān	register list 登録リスト 등기표
9. 钥匙	yàoshi	key 鍵 열쇠
10. 拿	ná	to take, to pick up, to hold 持つ 잡다, 쥐다

练习 / Exercises
Liànxí
練習 / 연습

一、替换 练习 / Substitution drills / 言い換え練習 / 대환 연습
Tìhuàn liànxí

1. A: Qǐng gěi wǒ kànkan nín de shēnfèn zhèng.
   请 给 我 看看 您 的 身份 证。

   | xuéshēng zhèng |
   | 学生 证 |
   | jūliú zhèng |
   | 居留 证 |

   B: Hǎo de, zhè shì wǒ de shēnfèn zhèng.
   好的，这 是 我 的 身份 证。

   | xuéshēng zhèng |
   | 学生 证 |
   | jūliú zhèng |
   | 居留 证 |

2. A: Qǐng tián yíxià nín de míngzì.
   请 填 一下 您 的 名字。

   | dìzhǐ |
   | 地址 |
   | fángjiān hào |
   | 房间 号 |
   | diànhuà hàomǎ |
   | 电话 号码 |

   B: Hǎode. Wǒ tián hǎo le.
   好的。我 填 好 了。

3. A: Zhè shì nín de hùzhào, qǐng ná hǎo.
   这 是 您 的 护照，请 拿好。

   | jūliú zhèng |
   | 居留 证 |
   | fángkǎ |
   | 房卡 |

   B: Xièxie!
   谢谢！

213

短平快汉语
初级口语（1）

Bǔchōng cíyǔ
补充 词语 / Additional words / 補足単語 / 보충 단어

1.	身份证	shēnfèn zhèng	identity card 身分証 신분증
2.	学生证	xuéshēng zhèng	student's identity card 学生証 학생증
3.	居留证	jūliú zhèng	residence permit 居留証 거류능
4.	地址	dìzhǐ	address 住所 주소
5.	卡	kǎ	card カード 카드

Wánchéng duìhuà
二、完成 对话 / Complete the dialogue / 対話練習 / 완성 대화

1. A：Xiǎojiě, wǒ yào yí ge fángjiān.
小姐，我 要 一 个 房间。

   B：Nín yào_____háishi_____?
您 要_____还是_____?

   A：Wǒ yào yí ge_____. Yì tiān duōshao qián?
我 要 一 个_____。一天 多少 钱?

   B：Yì tiān_____, nín zhǔnbèi zhù jǐ tiān?
一天_____, 您 准备 住 几 天?

   A：Kěnéng zhù_____。
可能 住_____。

   B：Qǐng gěi wǒ kànkan nín de_____.
请 给 我 看看 您 的_____。

   A：Hǎode, zhè shì wǒ de_____.
好的，这 是 我 的_____。

214

Qǐng tián yíxià
请 填 一下＿＿＿＿＿＿＿＿＿＿＿＿＿＿＿．

2. A：请 填 一下＿＿＿＿＿＿＿＿＿＿＿＿＿＿＿。

　　　　Hǎode.　　... Wǒ tián hǎo le.
　　B：好的。……我 填 好 了。

　　　　Nín zhù＿＿＿＿＿＿＿＿＿fángjiān, zhè shì yàoshi, qǐng ná hǎo.
　　A：您 住＿＿＿＿＿＿＿＿＿房间，这 是 钥匙，请 拿 好。

Kuàisù lǎngdú
三、快速 朗读 / Read out fast / 速読練習 / 빨리 읽기

Wǒ yào yí ge biāozhǔn fáng, qǐng wèn yì tiān duōshao qián?
我 要 一 个 标准 房，请 问 一 天 多少 钱？

Yì tiān sān bǎi èrshí yuán, qǐng wèn zhǔnbèi zhù jǐ tiān?
一 天 三 百 二十 元，请 问 准备 住 几 天？

Kěnéng yào zhù shí jǐ tiān. Qǐng tián yíxià zhùsù dān.
可能 要 住 十 几 天。请 填 一下 住宿单。

Hǎode, hǎode, tián hǎo le.
好的，好的，填 好 了。

Nín zhù shíbā hào fángjiān, zhè shì yàoshi, qǐng ná hǎo.
您 住 十八 号 房间，这 是 钥匙，请 拿 好。

Shuō yi shuō
四、说 一 说 / Speak / 言ってみましょう / 말해보기

＿＿＿＿＿＿＿＿, wǒ qù＿＿＿＿＿＿＿lǚxíng le.
＿＿＿＿＿＿＿＿，我 去＿＿＿＿＿＿＿旅行 了。

Dàole yí ge bīnguǎn, wǒ duì fúwùyuán shuō: "wǒ yào yí ge＿＿＿＿＿fáng."
到 了 一 个 宾馆，我 对 服务员 说："我 要 一 个＿＿＿＿＿房。"

Tā wèn wǒ zhǔnbèi zhù duōshao tiān, wǒ shuō zhǔnbèi zhù＿＿＿＿＿.
她 问 我 准备 住 多少 天，我 说 准备 住＿＿＿＿＿。

Tā shuō:"Hǎode, qǐng gěi wǒ kànkan nín de＿＿＿＿＿".
她 说："好的，请 给 我 看看 您 的＿＿＿＿＿。"

Wǒ gěi tā kànle wǒ de＿＿＿＿＿.
我 给 她 看了 我 的＿＿＿＿＿。

Tā shuō:"Qǐng tián yíxià＿＿＿＿＿."
她 说："请 填 一下＿＿＿＿＿。"

Wǒ tián hǎo＿＿＿＿＿yǐhòu, tā shuō: "Nín zhù＿＿＿＿＿hào fángjiān,
我 填 好＿＿＿＿＿以后，她 说："您 住＿＿＿＿＿号 房间，

zhè shì yàoshi, qǐng ná＿＿＿＿＿".
这 是 钥匙，请 拿＿＿＿＿＿"。

初级口语(1)

Bǔchōng liànxí
补充 练习 / Additional exercises
補足練習 / 보충연습

 Lǎngdú
一、朗读 / Read aloud / 朗読 / 읽기

      tián → tián yíxià → tián yíxià dēngjì dān → Qǐng tián yíxià zhùsù dēngjì dān.
1. 填 → 填一下 → 填一下登记单 → 请 填 一下 住宿 登记单。

      ná → náhǎo → qǐng ná hǎo → qǐng ná hǎo yàoshi
2. 拿 → 拿好 → 请 拿好 → 请 拿好 钥匙

Zǔ jù
二、组句 / Combine the following phrases into sentences / 以下の語を正しい順序にして文を作りなさい /

단어를 재배열하여 문장을 완성하시오

   yíxià   qǐng   dēngjì dān   tián   zhùsù
1. 一下   请   登记单   填   住宿

   ná   yàoshi   nín   hǎo   qǐng   de
2. 拿   钥匙   您   好   请   的

Zào jù
三、造句 / Make sentences with the following word or phrose /
作文 / 작문

   dòngcí (v.) + yíxià
1. 动词 + 一下

   dòngcí (v.) + hǎo
2. 动词 + 好

Dì-shíliù kè Shōuhuò yǔ gàobié
第十六课 收获 与 告别
Lesson 16 Achievements and Saying Good-bye
第十六課 成果とお別ね
제 16 과 성과 와 작별

Kèwén
课文 1 / Text 1
本文 1 / 본문 1

Nǐ lái Zhōngguó duō cháng shíjiān le?
A：你 来 中国 多 长 时间 了？
   Wǒ lái Zhōngguó kuài yí ge yuè le.
B：我 来 中国 快一个月了。
   Zhè cì nǐ lái Zhōngguó xuéxí,
A：这 次 你 来 中国 学习，
   nǐ juéde yúkuài ma?
   你 觉得 愉快 吗？
   Wǒ búdàn juéde hěn yúkuài, érqiě wǒ de shōuhuò yě hěn dà.
B：我 不但 觉得 很 愉快，而且 我的 收获 也 很 大。
   Yǒu shénme shōuhuò?
A：有 什么 收获？
   Wǒ búdàn xuéxíle Hànyǔ, érqiě liǎojiěle Zhōngguó de wénhuà.
B：我 不但 学习了汉语，而且 了解了 中国 的 文化。
   Hànyǔ nán bu nán?
B：汉语 难 不 难？
   Hànyǔ suīrán yǒudiǎnr nán, dànshì hěn yǒu yìsi.
A：汉语 虽然 有点儿 难，但是 很 有 意思。
   Xiànzài, nǐ xíguàn Zhōngguó de shēnghuó le ma?
A：现在，你 习惯 中国 的 生活 了吗？
   Xiànzài, wǒ yǐjīng xíguànle Zhōngguó de shēnghuó.
B：现在，我 已经 习惯了 中国 的 生活。

短平快汉语

初级口语（1）

Cíyǔ
词语 / Words / 語句 / 단어

1.	快……了	kuài...le	soon もうすぐ〜だ 곧, 이내, 멀지 않아
2.	次	cì	time (a measure word) 回 번, 회수
	这次	zhè cì	this time 今回 이번, 금회
3.	愉快	yúkuài	happy 愉快 기쁘다, 유쾌하다
4.	收获	shōuhuò	achievements, gains 成果 수확, 성과, 소득
5.	文化	wénhuà	culture 文化 문화
6.	虽然	suīrán	although 〜ではあるけれど 비록〜일지라도
	虽然……但是……	suīrán... dànshì...	although... (but) still... 〜ではあるけれども〜だ …설령~일지라도
7.	有点儿	yǒudiǎnr	a bit, somewhat 少し 조금, 약간
8.	习惯	xíguàn	get used to, custom, habit 習慣 습관

218

9. 已经　　　　　yǐjīng　　　　already
　　　　　　　　　　　　　　すでに
　　　　　　　　　　　　　　이미

Liànxí
练习 / Exercises
練習 / 연습

Tìhuàn liànxí
一、替换 练习 / Substitution drills / 言い換え練習 / 대환 연습

1. A：Nǐ lái Zhōngguó duō cháng shíjiān le?
   你 来 中国 多 长 时间 了？
   [zài zhèr / 在 这儿]

   B：Wǒ lái Zhōngguó kuài yí ge bàn yuè le.
   我 来 中国 快 一个 半 月 了。
   [zài zhèr / 在 这儿]　[yì nián bàn / 一 年 半]

2. A：Yǔfǎ nán bu nán?
   语法 难 不 难？
   [fāyīn / 发音]
   [Hànzì / 汉字]

   B：Yǔfǎ suīrán yǒudiǎnr nán, dànshì wǒ xué de búcuò.
   语法 虽然 有点儿 难，但是 我 学 得 不错。
   [fāyīn / 发音]
   [Hànzì / 汉字]
   [wǒ de fāyīn yuèláiyuè hǎo le / 我 的 发音 越来越 好 了]
   [wǒ rènshi de Hànzì bǐ yǐqián duō le / 我 认识 的 汉字 比 以前 多 了]

短平快汉语

初级口语（1）

　　　　　　　Xiànzài, nǐ xíguàn zhèr de shēnghuó le ma?
3. A：现在，你习惯 这儿的 生活 了吗？
　　　　　　　　　　chī Zhōngguó cài
　　　　　　　　　　吃 中国 菜

　　　　　　Xiànzài, wǒ hái bú tài xíguàn zhèr de shēnghuó.
B：现在，我 还不太习惯 这儿 的 生活。
　　　　　　　yǐjīng xíguàn chī Zhōngguó cài le
　　　　　　　已经 习惯 吃 中国 菜 了

　　　Wánchéng duìhuà
二、完成　　对话 / Complete the dialogue / 对话练习 / 완성 대화

　　　　Nǐ lái _____ duō cháng shíjiān le?
1. A：你来_____　多 长 时间 了？
　　　Wǒ lái _____ kuài _____ le.
　　B：我来_____　快_____了。
　　　　Zhè cì nǐ lái _____ xuéxí, nǐ juéde _____ ma?
　　A：这 次 你来_____学习，你 觉得_____吗？
　　　　Wǒ búdàn juéde hěn _____, érqiě wǒ de shōuhuò _____.
　　B：我 不但 觉得 很_____，而且我 的 收获_____。
　　　　Nǐ yǒu shénme shōuhuò?
　　A：你有 什么　收获？
　　　　Wǒ búdàn xuéxíle _____, érqiě hái liǎojiěle _____.
　　B：我 不但 学习了_____，而且 还 了解了_____。

　　　_____ nán bu nán?
2. A：_____ 难 不 难？
　　　_____ suīrán yǒu diǎnr _____, dànshì _____.
　　B：_____ 虽然 有 点儿 _____，但是_____。

　　　Xiànzài, nǐ xíguàn _____ le ma?
3. A：现在，你习惯 _____ 了吗？
　　　Xiànzài, wǒ _____.
　　B：现在，我_____。

　　　Kuàisù lǎngdú
三、快速 朗读 / Read out fast / 速读练习 / 빨리 읽기

　　　Zhè cì nǐ lái xué shénme? Zhè cì wǒ lái xué Hànyǔ. Xuéxí duō cháng shíjiān le?
1. 这次你来学 什么？这 次 我 来 学 汉语。学习 多 长 时间 了？
　　Kuàidào sì ge xīngqī le. Nǐ de shēnghuó yúkuài ma? Búdàn shēnghuó hěn yúkuài,
　　快 到 四个 星期 了。你的 生活 愉快 吗？不但 生活 很 愉快，
　　érqiě yǐjīng xíguàn le.
　　而且已经 习惯 了。

220

2. Nǐ de shōuhuò dà bu dà? Wǒ de shōuhuò fēicháng dà, búdàn xuéxíle Hànyǔ,
你的 收获 大不大？我 的 收获 非常 大，不但学习了汉语，
érqiě liǎojiěle Zhōngguó. Xuéxí Hànyǔ nán bu nán? Hànyǔ suīrán yǒu diǎn nán,
而且了解了 中国。学习汉语 难不难？汉语 虽然有点 难，
dànshì fēicháng yǒuyìsi.
但是 非常 有意思。

Shuō yi shuō
四、说 一 说 / Speak / 言ってみましょう / 말해보기

Zhè cì wǒ lái_____xuéxí Hànyǔ, wǒ lái_____kuài_____le. Wǒ juéde
这次我来_____学习汉语，我来_____快_____了。我 觉得
wǒ de shōuhuò_____, yīnwèi wǒ búdàn_____, érqiě_____.
我 的 收获_____，因为 我 不但_____，而且_____。
Hànyǔ suīrán yǒu diǎnr_____, dànshì_____. Xiànzài, wǒ yǐjīng xíguànle
汉语 虽然 有 点儿_____，但是_____。现在，我 已经 习惯了
de shēnghuó.
的 生活。

Bǔchōng liànxí
补充 练习 / Additional exercises
補足練習 / 보충연습

Lǎngdú
一、朗读 / Read aloud / 朗読 / 읽기

1. kuài......le → kuài yí ge yuè le → lái Zhōngguó kuài yí ge yuè le → Wǒ lái Zhōngguó
快……了→ 快一个月了→ 来 中国 快一个月了→我来 中国
kuài yí ge yuè le.
快 一 个 月 了。

2. suīrán......dànshì... → suīrán hěn nán, dànshì hěn yǒuyìsi → Hànyǔ suīrán hěn
虽然……但是……→ 虽然 很 难，但是 很 有意思→汉语 虽然 很
nán, dànshì hěn yǒuyìsi.
难，但是 很 有意思。

短平快汉语
初级口语（1）

3. 已经→已经习惯了→我已经习惯了→我已经习惯了中国的生活。
   yǐjīng → yǐjīng xíguànle → wǒ yǐjīng xíguànle → Wǒ yǐjīng xíguànle Zhōngguó de shēnghuó.

二、组句 / Combine the following phrases into sentences /
Zǔ jù
以下の語を正しい順序にして文を作りなさい /
단어를 재배열하여 문장을 완성하시오

1. 我 汉语 快 学习 一年 了
   wǒ Hànyǔ kuài xuéxí yì nián le

2. 习惯 的 他 上海 生活 了 已经
   xíguàn de tā Shànghǎi shēnghuó le yǐjīng

三、造句 / Make sentences with the following word or phrase /
Zào jù
作文 / 작문

1. 快……了
   kuài... le

2. 虽然……但是……
   suīrán ...dànshì...

3. 已经
   yǐjīng

Kèwén
课文 2 / Text 2
본문 2

A：<ruby>你<rt>Nǐ</rt></ruby> <ruby>什么<rt>shénme</rt></ruby> <ruby>时候<rt>shíhou</rt></ruby> <ruby>回<rt>huí</rt></ruby> <ruby>国<rt>guó</rt></ruby>？

B：我 后天 就要 回 国 了，飞机票 已经买 好 了。
(Wǒ hòutiān jiù yào huí guó le, fēijī piào yǐjīng mǎi hǎo le.)

A：现在 你 的 汉语 说 得越来越 好 了。
(Xiànzài nǐ de Hànyǔ shuō de yuèláiyuè hǎo le.)

B：谢谢！虽然 我 的 汉语 有 进步 了，但是 我 还要 努力。
(Xièxiè! Suīrán wǒ de Hànyǔ yǒu jìnbù le, dànshì wǒ hái yào nǔlì.)

A：如果 你 继续 努力 学习，你的 进步 就 会 越来越 大。
(Rúguǒ nǐ jìxù nǔlì xuéxí, nǐ de jìnbù jiù huì yuèláiyuè dà.)

B：我 一定 要 继续 努力 学习。
(Wǒ yídìng yào jìxù nǔlì xuéxí.)

A：希望 你 能 再来 中国。
(Xīwàng nǐ néng zài lái Zhōngguó.)

B：如果 有 机会，我 一定 再来 中国。
(Rúguǒ yǒu jīhuì, wǒ yídìng zài lái Zhōngguó.)

A：祝 你 一路 平安！
(Zhù nǐ yílù píng'ān!)

B：谢谢！
(Xièxie!)

初级口语（1）

Cíyǔ
词语 / Words / 語句 / 단어

1. 后天	hòutiān	the day after tomorrow 明後日 모레
2. 就要……了	jiù yào...le	be about to... まもなく 멀지 않아, 곧
3. 飞机	fēijī	plane 飛行機 비행기
4. 进步	jìnbù	progress 進歩する 진보하다
5. 继续	jìxù	to continue 続く・継続する 계속 해서 ～하다
6. 希望	xīwàng	to hope 望む ～하기를 희망하다
7. 机会	jīhuì	chance 機会、チャンス 기회
8. 祝	zhù	wish 心から願う 빌다, 축원하다
9. 平安	píng'ān	safe and sound 無事である 평안하다, 무사하다
一路平安	yílù píng'ān	have a safe trip, bon voyage 道中ご無事で 가시는 길에[도중] 편안하시길 빕니다

224

Liànxí
练习 / Exercises
練習 / 연습

Tìhuàn liànxí
一、替换 练习 / Substitution drills / 言い換え練習 / 대환 연습

1. A: Nǐ shénme shíhou huí Rìběn?
   你 什么 时候 回 日本?

   | Hánguó |
   | 韩国 |
   | Měiguó |
   | 美国 |

   B: Wǒ míngtiān jiù yào huí Rìběn le.
   我 明天 就要回日本了。

   | zhè ge xīngqītiān |
   | 这 个 星期天 |
   | xià ge xīngqī |
   | 下 个 星期 |

2. A: Xīwàng nǐ jiàqī yúkuài.
   希望 你 假期 愉快。

   | chángcháng gēn wǒ liánxì |
   | 常常 跟 我 联系 |

   B: Xièxie!
   谢谢!

   | wǒ yídìng chángcháng gēn nǐ liánxì |
   | 我 一定 常常 跟 你 联系 |

3. A: Zhù nǐ lǚxíng yúkuài!
   祝 你 旅行 愉快!

   B: Xièxie!
   谢谢!

初级口语（1）

Wánchéng duìhuà

二、完成　对话 / Complete the dialogue / 対話練習 / 완성 대화

A：Nǐ shénme shíhou huí guó?
　　你 什么 时候 回 国？

B：Wǒ_____ jiù yào_____ le,_____ yǐjīng mǎihǎo le.
　　我　　　就 要　　　了，　　　已经 买好 了。

A：Xiànzài nǐ de Hànyǔ shuō de_____ le.
　　现在 你 的 汉语 说 得　　　　了。

B：Xièxiè! Suīrán wǒ de Hànyǔ yǒu_____ le, dànshì wǒ hái yào_____.
　　谢谢！虽然 我 的 汉语 有　　　了，但是 我 还要　　　。

A：Rúguǒ nǐ jìxù nǔlì xuéxí, nǐ de_____ jiù huì yuèláiyuè_____.
　　如果 你 继续 努力 学习，你 的　　　就 会 越来越　　　。

B：Wǒ yídìng yào_____.
　　我 一定 要　　　。

A：Xīwàng nǐ néng zài lái Zhōngguó.
　　希望 你 能 再来 中国。

B：Rúguǒ_____, wǒ yídìng zài_____.
　　如果　　　，我 一定 再　　　。

A：Zhù nǐ yí lù píng'ān!
　　祝 你 一路 平安！

B：Xièxie!
　　谢谢！

Kuàisù lǎngdú

三、快速 朗读 / Read out fast / 速読練習 / 빨리 읽기

Zhè cì wǒ lái xué Hànyǔ, hòutiān jiù yào huí guó le. Suīrán yǒu le xiē jìnbù, dànshì shuō de hái bù hǎo. Wǒ yào jìxù nǔlì xuéxí, yǐhòu rúguǒ yǒu jīhuì, yídìng hái yào lái Zhōngguó.

这次 我 来 学 汉语，后天 就要 回国 了。虽然 有了 些 进步，但是 说 得 还 不好。我 要 继续 努力 学习，以后 如果 有 机会，一定 还要 来 中国。

四、Shuō yi shuō 说一说 / Speak / 言ってみましょう / 말해보기

Wǒ lái Zhōngguó kuài_____le,_____wǒ jiù yào huí_____le. Xiànzài,
我 来 中国 快_____了,_____我 就 要 回_____了。现在,
wǒ suīrán huì shuō_____le, dànshì shuō de hái_____. Huí guó yǐhòu,
我 虽然 会 说_____了,但是 说 得 还_____。回国 以后,
wǒ yídìng yào jìxù_____, wǒ xīwàng_____yuèláiyuè hǎo, jìnbù
我 一定 要 继续_____,我 希望_____越来越 好,进步
yuèláiyuè_____. Yǐhòu, rúguǒ yǒu___, wǒ xīwàng néng zài_____.
越来越_____。以后,如果 有___,我 希望 能 再_____。

Bǔchōng liànxí 补充 练习 / Additional exercises
補足練習 / 보충연습

一、Lǎngdú 朗读 / Read aloud / 朗読 / 읽기

jiù yào ...le → jiù yào huí guó le → Wǒ jiù yào huí guó le.
1. 就 要……了→ 就 要 回 国 了→ 我 就 要 回 国 了。

jìnbù → yǒu jìnbù → Hànyǔ yǒu jìnbù → Nǐ de Hànyǔ yǒu jìnbù.
2. 进步→有 进步 → 汉语 有 进步→ 你 的 汉语 有 进步。

jìxù → jìxù nǔlì → jìxù nǔlì xuéxí → Wǒ yào jìxù nǔlì xuéxí.
3. 继续→继续 努力 →继续 努力 学习→ 我 要 继续 努力 学习。

xīwàng → xīwàng lái → xīwàng nǐ lái → xīwàng nǐ néng lái → Xīwàng nǐ néng zài lái
4. 希望 → 希望 来→ 希望 你 来 → 希望 你 能 来 →希望 你 能 再来
Zhōngguó.
中国。

初级口语（1）

5. jīhuì → yǒu jīhuì → méiyǒu jīhuì → tā méiyǒu jīhuì → Tā méiyǒu jī huì lái
   机会→ 有 机会 → 没有 机会 → 他 没有 机会 → 他 没有 机会 来
   Zhōngguó.
   中国。

二、 Zǔ jù
组句 / Combine the following words into sentences /
以下の語を正しい順序にして文を作りなさい /
단어를 재배열하여 문장을 완성하시오

1. tāmen   jiù yào   míngtiān   běijīng   le   huí
   他们   就要   明天   北京   了   回

2. hǎo   wǒ   yǐjīng   fēijīpiào   de   mǎi   le
   好   我   已经   飞机票   的   买   了

3. nǐ   jìnbù   yuèláiyuè   huì   dà   de
   你   进步   越来越   会   大   的

4. néng   Zhōngguó   xīwàng   zài   wǒ   lái
   能   中国   希望   再   我   来

三、 Zào jù
造句 / Make sentences with the following words or phrase /
作文 / 작문

1. jiùyào ...le
   就要……了

2. jìxù
   继续

3. xīwàng
   希望

生词总表

A

爱好	àihào	hobby	11
		趣味	
		취미	

B

八	bā	eight	2
		八	
		팔, 여덟	
爸爸	bàba	father	2
		父	
		아빠	
班	bān	class	2
		クラス	
		반	
半	bàn	half	3
		半/分、2分の1	
		2분의 1, 반, 절반	
包	bāo	bag	4
		バック	
		[동](종이나 천 등의 얇은 것 으로 물건을)싸다. 싸매다.	
饱	bǎo	full	5
		一杯に	
		배부르다	
杯	bēi	cup, glass	5
		グラス	
		잔, 컵	
北京	Běijīng	the capital of China	1
		北京	
		북경	

短平快汉语

初级口语 (1)

本	běn	a measure word for books.	2
		量詞、冊	
		(책을 세는 단위)권	
比	bǐ	than	12
		よりも	
		~에 비하여, ~보다	
A 比 B...		A is...than B	12
		A は B よりも	
		A 는 B 에 비하여	
比较	bǐjiào	relatively	5
		比較的、わりに	
		비교적	
比赛	bǐsài	match, competition	11
		試合	
		시합	
笔	bǐ	pen	2
		鉛筆・ペンなどの総称	
		붓, 필기구	
标准	biāozhǔn	standard	15
		標準	
		표준	
宾馆	bīnguǎn	hotel	7
		ホテル	
		영빈관, 호텔	
冰箱	bīngxiāng	refrigerator	8
		冷蔵庫	
		냉장고	
病	bìng	illness	14
		病気	
		병	
博物馆	bówùguǎn	museum	9
		博物館	
		박물관	
不	bù	no, not	1
		いいえ、しない	
		아니, 아니다	

230

不错	búcuò	not bad 素晴らしい 맞다, 좋다	11
不但	búdàn	not only ～だけじゃなく ~뿐 아니라	11
不太	bú tài	not too... あまり～ではない 그다지, ~하지 않다	5,7

C

菜	cài	dish おかず、料理 요리, 음식	5
菜单	càidān	menu メニュー 식단, 메뉴	5
参观	cānguān	to visit 見学する [명][동]참관(하다), 견학(하다)	9
参加	cānjiā	to take part in 参加する 참가하다	11
餐厅	cāntīng	restaurant, dining-room レストラン、飲食店 식당	5,8
茶	chá	tea お茶 차	5
茶吧	chábā	Tea bar 喫茶店 찻집	13
茶叶	cháyè	tea お茶 찻잎	10
长	cháng	long 長い 길다	6

多长	duō cháng	how long どれくらい（長さ） 길이가 얼마인가	6
常常	chángcháng	often いつも・常に 항상, 늘, 흔히	7
唱	chàng	to sing 歌う (노래를)부르다	11
超市	chāoshì	supermarket スーパー 슈퍼마켓	8
炒	chǎo	stir-fry, fry 炒める (기름 등으로) 볶다	5
炒青菜	chǎo qīngcài	fried green vegetables 青野菜の炒め物 야채볶음	5
车	chē	vehicle 車、車両 차, 자동차, 탈것	6
车站	chēzhàn	station 駅 정거장, 버스 정류장	6
橙汁	chéngzhī	orange juice オレンジジュース 오렌지 쥬스	5
吃	chī	to eat 食べる 먹다	3
出发	chūfā	to start off, to set out 出発(する) 출발하다	15
出去	chūqù	to go out 出かける 나가다	12

出租汽车	chūzū qìchē	taxi タクシー 택시	6,10
船	chuán	ship 船 배	15
春天	chūntiān	spring 春 봄	12
词典	cídiǎn	dictionary 辞典 사전	2
词语	cíyǔ	words and expressions 単語、語句 단어	7
磁带	cídài	tape テープ 테이프	11
次	cì	time(a measure word) 回 번, 회수	16
这次	zhè cì	this time 今回 이번, 금회	16
从	cóng	from ～から [개]~부터. [장소. 시간의 출발점을 나타낸다	6
从……到……	cóng...dào...	from...to ～から～まで 부터...까지	6

D

打	dǎ	to play する 치다(~를 하다)	11
打算	dǎsuan	to plan ～するつもり ~하려고 하다, ~할 작정이다	12

短平快汉语

初级口语 (1)

| 大 | dà | big | 8 |

大きい、大きな

크다

| 大概 | dàgài | perhaps, about | 6 |

大体

[형][부]대강(의), 대충(의)

| 大学 | dàxué | university, college | 8 |

大学

대학(교)

| 带 | dài | to bring, to take | 10 |

〜を持って

지니다, 휴대하다

| 单 | dān | list | 15 |

リスト

명부, 명단, 일람표

| 登记单 | dēngjì dān | register list | 15 |

登録リスト

등기표

| 担心 | dān xīn | to worry | 13 |

心配する

걱정하다

| 但是 | dànshì | but | 5 |

しかし・けれども

그러나, 그렇지만

| 到 | dào | to arrive, to reach | 6 |

着く

[동]도착하다, 도달하다, ~에 이르다[미치다]

| 得 | [dòngcí(v.)] + de | indicating the result of an action | 8 |

（動詞形容詞の後に用い）結果・程度を表す補語を導く

[조]동사 뒤에 쓰여 가능을 가능, 결 과를 나타낸다

| 的 | de | of | 2 |

〜の

'소유·소속·분리·행위자·작자' 등을 나타내는 「…의, …에 관한, …중에서, …으로부터」 등의 뜻으로 쓰이는 전치사 전용의 중요한 기능어이다.

……的时候	...de shíhou	while, when 〜の時 … 때, 〜할 때	10
登记	dēngjì	to register 登録する 등기하다	15
等	děng	to wait 待つ 기다리다	5
地方	dìfang	place 場所 장소, 곳	8, 9
地铁	dìtiě	subway, Metro 地下鉄 지하철	6
地图	dìtú	map 地図 지도	9
地址	dìzhǐ	address 住所 주소	15
弟弟	dìdi	younger brother 弟 남동생	2
点(点钟)	diǎn(diǎnzhōng)	o'clock 〜時 시	3
点心	diǎnxin	refreshment 菓子、間食として食べるもの 간식	10
电话	diànhuà	telephone 電話 전화	8, 13
打电话	dǎ diànhuà	to phone 電話する 전화를 하다	13

短平快汉语

初级口语（1）

电脑	diànnǎo	computer	13
		コンピュター	
		컴퓨터	
电视机	diànshìjī	television	8
		テレビ	
		텔레비전	
看电视	kàn diànshì	watch TV	8
		テレビを見る	
		텔레비전을 보다	
电影院	diànyǐngyuàn	cinema	8
		映画館	
		영화관	
看电影	kàn diànyǐng	watch a film	8
		映画を見る	
		영화를 보다	
东西	dōngxi	things, goods	4
		物	
		물건	
冬天	dōngtiān	winter	12
		冬	
		겨울	
懂	dǒng	to understand	7
		分かる	
		[동] 알다, 이해하다	
动物园	dòngwùyuán	zoo	6
		動物園	
		동물원	
都	dōu	all	7
		全部、みんな	
		모두	
堵车	dǔ chē	traffic jam	15
		渋滞	
		교통체증	

度	dù	degree 度 도	12
短信	duǎnxìn	short message （携帯電話の）メール 메세지	13
锻炼	duànliàn	to do exercises 鍛錬える 단련하다	14
对	duì	right 正しい、間違いない 맞다, 옳다	8
对面	duìmiàn	opposite side 真向かい 반대 편, 맞은 편	6
多	duō	more, many, much 多い (수량이) 많다	8
多少	duōshao	how many, how much いくら・どれほど 얼마, 몇개	2

E

饿	è	hungry 飢える・おなかが減る 배고프다	
而且	érqiě	(but) also そのうえ、しかも 게다가, ~뿐만 아니라, 또한	2
二	èr	two 二 둘	2

F

发	fā	to send 送る、発送する 보내다	13

短平快汉语

初级口语（1）

发 E-mail	fā E-mail	to send an E-mail	13
		E メールを送る	
		메일을 보내다	
发音	fāyīn	pronunciation	7
		発音	
		발음	
饭	fàn	meal	3
		ご飯、食事	
		밥	
吃饭	chī fàn	to have dinner, to have a meal	3
		食事をする	
		밥을 먹다	
饭店	fàndiàn	restaurant, hotel	5
		レストラン	
		호텔, 여관	
方便	fāngbiàn	convenient	8
		便利	
		[형]편리하다	
房间	fángjiān	room	7
		部屋	
		방	
访问	fǎngwèn	to visit, to call on	10
		訪問する	
		방문하다	
飞机	fēijī	plane	16
		飛行機	
		비행기	
飞机场	fēijīchǎng	airport	6
		空港	
		공항	
非常	fēicháng	very, highly	8
		とても、大変	
		매우	
分	fēn	the fractional monetary unit of China = 1/10 of a jiao	4
		角の十分の一の単位	
		1/10 of a [양] 일원의 1/100, 전	

238

分(分钟)	fēn(fēnzhōng)	minute	3
		分、～分	
		분	
风	fēng	wind	12
		風	
		바람	
风景	fēngjǐng	landscape	15
		風景	
		풍경, 경치	
服务员	fúwùyuán	waiter or waitress	5
		店員	
		종업원	
附近	fùjìn	close to , nearby	8
		近く	
		부근, 근처	

G

干净	gānjìng	clean	8
		きれい、清潔	
		깨끗하다	
感冒	gǎnmào	to have a cold	14
		風邪	
		감기에 걸리다	
高	gāo	high	12
		高い	
		높다	
高兴	gāoxìng	happy	1
		喜ぶ・嬉しい	
		좋아하다, 기뻐하다, 즐거워하다	
告诉	gàosu	to tell	10
		告げる、知らせる	
		알리다, 말하다	
哥哥	gēge	elder brother	2
		兄	
		형, 오빠	
歌	gē	song	11
		歌	
		노래	

短平快汉语
初级口语（1）

唱歌	chàng gē	to sing a song	11
		歌を歌う	
		노래를 부르다	
个	gè	the most widely used measure word, usually used before a noun having no particular classifier	2
		量詞，個	
		(양) 개, 명, 사람 (목적어를 수 반하는 동사 뒤에 쓰여 동량사 와 비슷한 작용을 함)	
给	gěi	to give, for, to	4
		あげる、与える	
		주다	
跟	gēn	with	7
		～と	
		[접] ~와 (대개 명사나 대명사를 병렬하며, 구어에 많이 쓰임)	
A 跟 B + 动词……	A gēn B + dòngcí (v.)...	A together with B does (v.)	7
		AとBが～する	
		A 와 B 가 함께~하다	
工艺品	gōngyìpǐn	artware	10
		工芸品	
		공예품	
工作	gōngzuò	work, job	3
		仕事	
		일, 직업	
公共汽车	gōnggòng qìchē	bus	6
		公共バス	
		버스	
公司	gōngsī	company	9
		会社	
		회사	
古老肉	gǔlǎoròu	fried pork in sweet and sour sauce	5
		酢豚	
		탕수육	
拐	guǎi	to turn	6
		曲がる	
		[동]방향을 돌리다	

光盘	guāngpán	disk ディスク 디스켓	11
贵	guì	expensive 高い [형] (가격이)비싸다	4
国	guó	country 国 국가, 나라	1
过	dòngcí (v.)+ guo	indicates completion or past experience ～した事がある [동](어떤 장소를)통과하다, 지나다, 경과하다	7

H

还	hái	still, also まだ、もっと 아직도, 여전히	5
还是	háishi	or または、あるいは 또는, 아니면	5
A 还是 B？		A or B? AまたはB？ A 또는 B？A 아니면 B？	5
韩国	Hánguó	Korea 韓国 한국	1
韩国文	Hánguówén	Korean 韓国語 한국어	8
韩国语	Hánguóyǔ	Korean 韓国語 한국어	1
汉语	Hànyǔ	Chinese 中国語 한어, 중국어	1

短平快汉语

初级口语（1）

| 汉字 | hànzì | Chinese character | 2 |

漢字
한자

| 好 | hǎo | good, well | 1 |

良い
좋다.

| 你好 | Nǐhǎo! | how do you do? | 1 |

おはよう
안녕하십니까?

| 好吃 | hǎochī | delicious | 5 |

美味しい
맛있다

| 好处 | hǎochu | benefit, advantage | 13 |

有利な点、得
장점, 좋은점

| 好听 | hǎotīng | pleasant to hear | 11 |

聞いて気持ちがいい
듣기 좋다

| 号(日) | hào (rì) | date | 3 |

日
날짜(일)

| 喝 | hē | to drink | 5 |

飲む
마시다

| 和 | hé | and | 2 |

～と
와, 과

| 很 | hěn | very | 1 |

たいへん、とても
매우, 아주, 대단히

| 很多 | hěn duō | a lot of | 7 |

たくさんの
매우 많다

| 红绿灯 | hóng-lǜdēng | traffic light | 6 |

信号
(교통)신호등

后天	hòutiān	the day after tomorrow	3,16
		明後日	
		모레	
护照	hùzhào	passport	15
		パスポート	
		여권	
花	huā	flower	8
		花	
		꽃	
滑冰	huá bīng	to skate	11
		スケート（をする）	
		스케이트	
环境	huánjìng	environment	8
		環境	
		환경	
换	huàn	to change, to exchange	4
		換える	
		바꾸다, 교환하다	
回	huí	to go back, to return	3
		帰る、戻る	
		(원래의 곳으로)돌아오다, 돌아가다	
会	huì	to be able to	7
		～することが出来る	
		~를 할누 있다	
火车	huǒchē	train	15
		汽車	
		기차	
火车站	huǒchēzhàn	railway station	6
		駅	
		기차역	
或者	huòzhě	or	10
		もしくは	
		또는, 아니면	

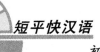

短平快汉语

初级口语（1）

J

| 机会 | jīhuì | chance | 16 |

機会、チャンス

기회

| 鸡蛋 | jīdàn | egg | 5 |

卵

계란, 달걀

| 几 | jǐ | how many, how much | 2 |

いくつ、いくら

몇, (주로 10 이하의 확실치 않은 수에 대해 물을 때 쓰인다.)

| 季节 | jìjié | season | 12 |

季節

계절

| 继续 | jìxù | to continue | 16 |

続く、継続する

계속 해서 ～하다

| 寄 | jì | to post | 13 |

送る

부치다, 보내다

| 家 | jiā | family | 2 |

家族

가정, 집

| 家里人 | jiālǐrén | family members | 13 |

家族

가족

| 家庭 | jiātíng | family, home | 10 |

家庭

가정

| 假期 | jiàqī | holiday | 15 |

休み

휴일, 휴가

244

件	jiàn	a measure word for clothing, etc 量詞, 着 일, 사건, 개체의 사물 등의 수량단위	4
健康	jiànkāng	health 健康 건강	14
交通	jiāotōng	traffic 交通 교통	8
叫	jiào	to call 呼ぶ 부르다, 찾다, 외치다	1
我叫……	Wǒ jiào...	My name is ... 私の名前は～といいます。 저는 ~이라고 부릅니다.	1
教	jiāo	to teach 教える [동]가르치다, 전수하다	7
教室	jiàoshì	classroom 教室 교실	3
姐姐	jiějie	elder sister 姉 언니, 누나	2
今年	jīnnián	this year 今年 금년, 올해	2
今天	jīntiān	today 今日 오늘	2
近	jìn	near 近い 가깝다	6,9
进	jìn	to enter 入る ~에 들어가다	10

初级口语（1）

进步	jìnbù	progress	6
		進歩する	
		진보하다	
九	jiǔ	nine	2
		九	
		아홉	
酒吧	jiǔbā	bar	13
		バー・居酒屋	
		술집, 바	
就	jiù	just	6
		ちょうど	
		곧, 즉시 바로	
就要……了	jiù yào...le	be about to...	16
		まもなく	
		멀지 않아, 곧	
居留证	jūliú zhèng	residence permit	15
		居留証	
		거류증	
橘子	júzi	orange	10
		みかん	
		귤	
决定	juédìng	to decide	15
		決定(する)、決める	
		결정하다	
觉得	juéde	to feel, to think	7
		感じる、〜と思う	
		～라고 여기다(생각하다)	

K

咖啡	kāfēi	coffee	5,10
		コーヒー	
		커피	
卡	kǎ	card	15
		カード	
		카드	
开	kāi	to open	12
		開ける	
		열다	

看	kàn	to look 見る 보다, 구경하다	4
看看	kànkan	have a look(indicating a short duration or casual) 見てみる 보다(한번 ~해보다)	4
看病	kàn bìng	to see a doctor 医者にかかる 진찰을 받다, 병원에 가다	14
咳嗽	késou	to cough 咳(をする) 기침하다	14
可乐	kělè	cola コーラ 콜라	5
可能	kěnéng	perhaps, maybe かもしれない、らしい 아마도, 아마	9
可以	kěyǐ	can ～出来る、～してもよろしい [조동] ~할 수 있다, ~해도 좋다 (기능, 능력 또는 허락)	8
刻	kè	quarter 十五分間、十五分 시간, 시각	3
客气	kèqi	polite, courteous, friendly 遠慮する、謙虚である 예의가 바르다	10
空	kòng	free time 暇、空き時間 여유, 틈, 시간	13
口语	kǒuyǔ	spoken language 話し言葉 구어	7
块	kuài	yuan (the basic monetary unit of China) 元（中国の貨幣の単位) (양)덩어리, 조각	4

短平快汉语
初级口语 (1)

快	kuài	quick 早い、速い 빠르다	14
快……了	kuài...e	soon もうすぐ～だ 곧, 이내, 멀지 않아	16
矿泉水	kuàngquánshuǐ	mineral water ミネラルウォーター 광천수. 미네랄워터	5

L

拉肚子	lā dùzi	to have diarrhea 下痢 설사하다	14
辣	là	hot, peppery 辛い 맵다, 얼얼하다	5
来	lái	to come 来る 오다	2
篮球	lánqiú	basketball バスケットボール 농구	11
打篮球	dǎ lánqiú	play basketball バスケットボールをする 농구를 하다	11
老师	lǎoshī	teacher 先生 선생님, 스승	1
累	lèi	tired 疲れる 지치다, 피로하다, 피곤하다	2
冷	lěng	cold 寒い 춥다, 차다, 시리다	12
礼物	lǐwù	gift, present 贈り物 선물	10

里	lǐ	inside 〜の中 [명]안, 속, 가운데	7
联系	liánxì	to contact 連絡（する） 연락하다	13
练习	liànxí	to practice 練習 연습하다	8
凉快	liángkuai	cool 涼しい 서늘하다, 신선하다	12
两	liǎng	two 二 둘	2
辆	liàng	a measure word for bicycles, cars, etc. 量詞, 両（自転車、車など） [양]대, 차량을 셀때 쓰는 양사	6
了	le [dòngcí (v.)+le]	a particle indicating completion of an action 動詞形容詞の後ろに置き、動作・行為の完了や変化を表す。 동사 또는 형용사 뒤에쓰여 동작 또는 변화가 이미 완료되었음을 나타냄.	4
了解	liǎojiě	to know of 理解する、分かる 알다, 이해하다	10
零	líng	zero ゼロ (아라비아수자의) 영, 0	3
零度	língdù	zero degree 零度 영도/0℃	12
零下	língxià	below zero 零下 영하	12
流行	liúxíng	popular 流行 유행하다	11

短平快汉语
初级口语（1）

留学生	liúxuéshēng	overseas student	1,2
		留学生	
		유학생	
六	liù	six	2
		六	
		육, 여섯	
楼	lóu	building	7
		ビル	
		층	
路	lù	road, bus No.	6
		道、道路	
		길, 도로	
路口	lùkǒu	crossing, intersection	6
		道の交差するところ	
		갈림길, 길목	
路上	lùshang	on the road	15
		道中	
		도중, 도로상에	
旅行	lǚxíng	to travel	15
		旅行	
		여행	
旅游	lǚyóu	to travel	11
		旅行	
		여행하다	
绿	lǜ	green	12
		緑	
		초록, 초록색	

M

妈妈	māma	mother	2
		母	
		엄마	
麻婆豆腐	mápó dòufu	stir-fried bean curd in hot sauce	5
		麻婆豆腐	
		[사천요리] 마파두부	

吗	ma	a partical used at the end of a question 相手に質問するときに用いる 구의 끝에 사용되어 의문 표시	1
买	mǎi	to buy 買う 사다	4
慢	màn	slow 遅い 느리다	14
忙	máng	busy 忙しい 바쁘다	2
毛	máo	the fractional monetary unit of China = 1/10 of a yuan 元の十分の一の単位 [양]일원의 1/10. 10 전	4
毛笔	máobǐ	brush 筆 붓	2
没有	méiyǒu	not to have, there are not, have not or did not 持っていない、ない 없다	2
每	měi	every 每 (대) 매, 모든, 각각의	3
每天	měitiān	every day 毎日 (부) 매일	3
美国	Měiguó	America 米国 미국	1
妹妹	mèimei	younger brother 妹 여동생	2
米饭	mǐfàn	rice ご飯 쌀밥	5

初级口语（1）

面条	miàntiáo	noodle	5
		麺	
		국수	
名胜古迹	míngshèng gǔjì	scenic spots and historical sites	15
		名所旧跡	
		명승고적	
名字	míngzi	name	1
		名前	
		이름, 성명	
明天	míngtiān	tomorrow	3,4
		明日	
		내일	

N

拿	ná	to take, to pick up, to hold	15
		持つ	
		잡다, 쥐다	
哪	nǎ	which	1
		どの、どれ	
		어느, 어떤, 어디	
哪儿	nǎr	where	4
		どこ	
		어디, 어느곳	
那	nà	that	4
		あの	
		(화자로부터 먼 곳에 있는 것을 가리킬때)	
		저것, 그것, 저것들.	
那儿	nàr	there	6
		あそこ	
		그곳, 거기	
那么	nàme	then	13
		～ならば、それでは	
		그러면, 그렇다면	
呢	ne	to ask the same question as asked before	1
		疑問文の最後に用い、答えを催促する	
		(지시, 선택, 반복)의문문의 말미에	
		사용되어져 의문의 어조를 표현함	

你呢？	Nǐ ne?	And you?	1
		あなたは？	
		넌? 당신은요?	
能	néng	can, to be able to	7
		出来る	
		[조동]~할 수 있다, ~할 능력이 있다, ~할 줄 알다, [능력]	
你	nǐ	you	1
		あなた	
		너, 자네, 당신	
你们	nǐmen	you (plural)	1
		あなたたち	
		너희들, 당신들, 자네들	
您	nín	you (polite)	4
		あなた、あなたさま	
		당신, 선생님, 귀하	
牛肉汤	niúròutāng	steamed beef soup	5
		牛肉スープ	
		소고기국	
努力	nǔlì	make great efforts	7
		努力する	
		노력하다, 힘쓰다	
暖和	nuǎnhuo	warm	12
		暖かい	
		따뜻하다	

P

排球	páiqiú	volleyball	11
		バレーボール	
		배구	
旁边	pángbiān	nearby	6
		近く、側、横	
		부근, 근처	
朋友	péngyou	friend	2
		友達	
		친구, 벗	

短平快汉语

初级口语（1）

啤酒	píjiǔ	beer	5
		ビール	
		맥주	
便宜	piányi	cheap	4,13
		安い	
		싸다	
漂亮	piàoliang	beautiful	4,8
		綺麗	
		[형](용모, 옷 등이)아름답다, 보기좋다.	
票	piào	ticket	6
		チケット	
		표	
平安	píng'ān	safe and sound	16
		無事である	
		평안하다, 무사하다	
一路平安	yílù píng'ān	have a safe trip, bon voyage	16
		道中ご無事で	
		가시는 길에[도중] 편안하시길 빕니다	
平时	píngshí	at ordinary times	14
		普段	
		평소, 평상시	
苹果	píngguǒ	apple	10
		りんご	
		사과	
瓶	píng	bottle	5
		量詞, 本	
		병	

Q

七	qī	seven	2
		七	
		칠, 일곱	
骑	qí	to ride	9
		乗る	
		타다	
起床	qǐ chuáng	get up	3
		起きる、起床	
		일어나다, 기상하다	

铅笔	qiānbǐ	pencil	2
		鉛筆	
		연필	
前	qián	ahead	6
		一昨日	
		그저께	
前天	qiántiān	the day before yesterday	3,9
		一昨日	
		그저께	
钱	qián	money	4
		お金	
		돈	
清淡	qīngdàn	light, delicate	5
		あっさりしている	
		(맛, 색깔 등이)담백하다, 산뜻하다	
情况	qíngkuàng	situation	10
		状況	
		상황, 정황	
晴天	qíngtiān	a clear day	12
		晴れ	
		맑은 하늘, 맑게 갠 하늘	
请	qǐng	please	2
		1頼む・お願いする 2どうぞ〜してください	
		상대방에게 어떤 일을 부탁하거나 권할 때 쓰는 경어	
秋天	qiūtiān	autumn	12
		秋	
		가을	
去	qù	to go	3,4
		行く	
		동사 뒤에 쓰여, 동작이 화자가 있는 장소에서 다른 장소로 이전 됨을 나타남.	

R

热	rè	hot	12
		暑い	
		덥다, 뜨겁다	

初级口语（1）

| 热闹 | rènao | lively | 9 |

にぎやかである

변화하다, 시끌벅쩍하다

| 人 | rén | person, people | 1 |

人

사람, 인간

| 认识 | rènshi | to know, to recognise | 1 |

知る、認識する

인식하다, 알다

| 认真 | rènzhēn | serious, seriously, diligently | 11 |

真剣、真剣に、まじめに

열심히하다

| 日本 | Rìběn | Japan | 1 |

日本

일본

| 日文 | Rìwén | Japanese | 8 |

日本語

일본어

| 日语 | Rìyǔ | Japanese | 1 |

日本語

일본어

| 容易 | róngyì | easy | 7 |

簡単な、易しい

쉽다, 용이하다

| 肉 | ròu | meat | 5 |

肉

고기, 살

| 如果 | rúguǒ | if | 10 |

もし

만일, 혹시

S

| 三 | sān | three | 2 |

三

삼, 셋

| 散步 | sàn bù | take a walk | 14 |

散步

산책하다, 산보하다

256

商店	shāngdiàn	shop, store 商店 상점, 가게	4
上车	shàng chē	to get on 乗る、乗り込む 차를 타다	6
上海	Shànghǎi	the city of China 上海 상해	1
上课	shàng kè	to have class 授業に出る、授業が始まる 수업하다	3
上网	shàng wǎng	to surf the internet ネットをする 인터넷[네트워크]에 접속하다	13
上午	shàngwǔ	(early) morning 午前 오전	3
身份证	shēnfèn zhèng	identity card 身分証 신분증	15
身体	shēntǐ	body 体 신체	14
生活	shēnghuó	living 生活 생활	8
生梨	shēnglí	raw pear 梨 배	10
十	shí	ten 十 십, 열	2
什么	shénme	what 何 무엇, 어떤	1

初级口语（1）

时候	shíhou	time	4
		時間、時刻	
		시간, 동안	
时间	shíjiān	time	6
		時間	
		시간	
事	shì	thing, case	13
		事	
		일	
试	shì	to try	13
		試す	
		시험 삼아 ~하다 ~해보다	
是	shì	to be	1
		～だ。～である。	
		...이다	
是……的	shì...de	It was...that...	9
		～のだ、～のである	
		은...이다	
收获	shōuhuò	achievements, gains	16
		成果	
		수확, 성과, 소득	
手机	shǒujī	cell-phone	13
		携帯電話	
		휴대폰	
书	shū	book	2
		本	
		책	
书店	shūdiàn	bookshop, bookstore	4
		書店	
		서점	
舒服	shūfu	comfortable	14
		心地よい	
		편안하다, 상쾌하다	
舒适	shūshì	comfortable	12
		心地よい	
		편안하다, 상쾌하다	
蔬菜	shūcài	vegetable	5
		野菜	
		야채	

树	shù	tree 木 나무	8
数字	shùzì	figure, number 数字 숫자, 수량	2
谁	shéi	who 誰 누구	2
水果	shuǐguǒ	fruit 果物 과일	10
睡觉	shuì jiào	to sleep 寝る 자다	3
说	shuō	to speak 言う 말하다	5, 7
四	sì	four 四 사, 넷	2
送	sòng	to give, send-off あげる、送る 주다, 보내다	10
A 送给 B	A sònggěi B	A give B AがBに送る A 가.. B에게 보내 주다	10
宿舍	sùshè	dormitory 寮 기숙사	7
酸辣汤	suānlàtāng	hot and sour soup スワンラータン（酸っぱくて辛いスープ） 시고 매운 탕	5
虽然	suīrán	although 〜ではあるけれど 비록〜일지라도	16
虽然……但是……	suīrán...dànshì...	although... (but) still... 〜ではあるけれども〜だ ...설령〜일지라도.	16

短平快汉语
初级口语（1）

随便	suíbiàn	randomly	10
		気ままである、〜でも関係なく	
		마음대로, 좋을대로	
岁	suì	year (of age)	2
		歳	
		살, 세	
所以	suǒyǐ	so	10
		したがって、だから	
		그래서	
因为……所以……	yīnwèi...suǒyǐ...	because...(so)...	10
		〜だから〜である	
		〜때문에，그래서	

T

他	tā	he, him	1
		彼、あの人	
		그, 그사람, 그이	
他们	tāmen	they, them (masculine)	1
		彼たち	
		그들, 그(저) 사람들	
她	tā	she, her	1
		彼女、あの人	
		그 여자, 그녀	
她们	tāmen	hey, them (feminine)	1
		彼女たち	
		그녀들, 그(저) 여자들	
太……了	tài...le	too	4
		あまりにも〜すぎる	
		아주, 너무나	
汤	tāng	soup	5
		スープ	
		스프, 국	
套房	tàofáng	suite	15
		スイートルーム	
		스위트룸	
疼	téng	ache, pain	14
		痛い、痛む	
		아프다	

头疼	tóu téng	to have a headache 頭痛 머리가 아프다	14
踢	tī	to kick 蹴る 차다	11
天	tiān	day 一日 하루, 날, 일	3
天气	tiānqì	weather 天気 날씨	12
填	tián	to fill in 記入する 채우다, 메우다	15
跳舞	tiào wǔ	to dance ダンスをする、踊る 춤추다	11
听	tīng	to listen to, to hear 聞く 듣다	7
听说	tīngshuō	hear of, hear about 聞いたところによると 들은 바로는	15
同学	tóngxué	classmate 同級生 동창, 학우, 동급생	9
头	tóu	head 頭 머리	14
图书馆	túshūguǎn	library 図書館 도서관	6

W

外宾	wàibīn	foreign guest	7
		外国からの客	
		외빈, 외국 손님	
外国	wàiguó	foreign country	1
		外国	
		외국	
外文	wàiwén	foreign language	6
		外国語	
		외국어	
玩儿	wánr	to play	12
		遊ぶ	
		놀다	
晚饭	wǎnfàn	supper, dinner	3
		夕食	
		저녁밥(식 사)	
晚上	wǎnshang	evening	3
		夜	
		저녁	
网上	wǎng shàng	on the internet	13
		ネット上	
		인터넷상	
往	wǎng	toward	6
		～に向かって	
		[동](～로)향하다	
为什么	wèishénme	why	9
		なぜ、どうして	
		무엇때문에, 왜, 어째서	
卫生间	wèishēngjiān	toilet, bathroom	8
		トイレ	
		화장실	
味道	wèidao	taste	8
		味	
		맛	

胃	wèi	stomach 胃 위	14
喂	wèi	hi, Hello もしもし 여보세요	13
温度	wēndù	temperature 温度 온도	12
文化	wénhuà	culture 文化 문화	10,16
问	wèn	to ask 質問する 묻다, 질문하다	2,5
请问	qǐngwèn	Excuse me. お尋ねします 잠깐 여쭙겠습니다, 말 좀 물어보겠습니다.	2
我	wǒ	I, me 僕、私 나, 저	1
我们	wǒmen	we 私たち 우리(들)	1
五	wǔ	five 五 오, 다섯	2
雾	wù	fog 霧 안개	12

X

西瓜	xīguā	watermelon 西瓜 수박	10
希望	xīwàng	to hope 望む ～하기를 희망하다	16

习惯	xíguàn	get used to, custom, habit	16
		習慣	
		습관	
喜欢	xǐhuan	to like, to enjoy, to love	5
		好き	
		좋아하다, 호감을 가지다, 마음에 들다	
虾仁	xiārén	shelled shrimp	5
		海老	
		껍질과 머리를 떼어낸 신선한 새우	
炒虾仁	chǎo xiārén	fried shelled shrimp	5
		海老の炒め物	
		새우볶음	
下车	xià chē	to get off	6
		降りる	
		하차하다, 내리다	
下课	xià kè	to finish class	3
		授業が終わる	
		수업이 끝나다, 수업을 마치다	
下午	xiàwǔ	afternoon	3
		午後	
		오후	
夏天	xiàtiān	summer	12,16
		夏	
		여름	
先	xiān	first	6
		先	
		먼저, 우선	
先生	xiānsheng	sir, Mr.	4
		～さん、～先生	
		선생님, ~씨(남자어른에 대한존칭어)	
咸	xián	salty	5
		塩辛い	
		(맛이) 짜다	
现在	xiànzài	now	1
		今, 現在	
		지금, 현재	

想	xiǎng	to think, to want to 思う ~라고 생각하다	4
小	xiǎo	small, little 小さい, 小さな 작다	10
小姐	xiǎojiě	Miss, Ms. ～さん、おねえさん 아가씨, 양, 미스	4
小时	xiǎoshí	hour 時間 시, 시간	3
校园	xiàoyuán	campus キャンパス 캠퍼스, 교정	9
写	xiě	to write 書く 쓰다	8, 13
谢谢	xièxie	to thank ありがとう，～に感謝する 감사합니다	4
心意	xīnyì	compliment 心，気持ち 마음, 성의	10
新闻	xīnwén	news ニュース 뉴스	13
信	xìn	letter 手紙 편지	13
兴趣	xìngqù	interest 関心 취미, 관심	11
对……(没)有兴趣	duì... (méi) yǒu xìngqù	have (no) interest in ～に対して関心がある(ない)、興味がある(ない) …에 대해 취미(관심)이 있다(없다)	11

初级口语（1）

星期	xīngqī	week	3
		週	
		요일	
星期天（星期日）	xīngqī tiān (xīngqī rì)	Sunday	3
		日曜日	
		일요일	
行	xíng	OK, to be acceptable	4
		かまわない、よろしい	
		문제없다、좋다. 괜찮다	
姓	xìng	surname, family name	1
		姓	
		성(씨)	
我姓……	Wǒ xìng...	My family name is ...	1
		私の姓は〜といいます。	
		저는 성이...입니다.	
休息	xiūxi	to have a rest	14
		休み、休息	
		쉬다. 휴식을 하다	
学生	xuésheng	student	1
		学生	
		학생	
学生证	xuéshēng zhèng	student's identity card	15
		学生証	
		학생증	
学习	xuéxí	to study, to learn	1
		習う、学ぶ	
		학습(하다), 공부(하다)	
学校	xuéxiào	school	3,7
		学校	
		학교	
雪	xuě	snow	12
		雪	
		눈	
下雪	xià xuě	to snow	12
		雪が降る	
		눈이 내리다	

雪碧	xuěbì	Sprite	10
		スプライト	
		스프라이트	

Y

药	yào	medicine	14
		薬	
		약	
要	yào	to want, would like, need, will	4
		要る	
		구하다, 요구하다, ~하고 싶다	
钥匙	yàoshi	key	15
		鍵	
		열쇠	
也	yě	too, also	1
		~も	
		또한, 게다가, 역시, 마찬가지로	
一	yī	one	2
		一	
		일, 하나	
一百	yìbǎi	one hundred	2
		百	
		백	
一般	yìbān	usually	12, 14
		一般、普通	
		보통, 늘, 일반적으로	
一点儿	yìdiǎnr	a little	7
		少し	
		[수량]조금, 약간	
一定	yídìng	must	8
		必ず、きっと、絶対に	
		반드시, 필히, 꼭	
一会儿	yíhuìr	for a moment	5
		ちょっとの間、すぐ	
		잠시, 잠깐동안	
一起	yìqǐ	together	9
		一緒に	
		같이, 더불어, 함께	

初级口语（1）

一下	yíxià [dòngcí (v.) + yíxià]	in a short while	15
		ちょっと～する	
		한번 ~해보다	
一些	yìxiē	some	8
		少し、いくつかの	
		약간	
一样	yíyàng	same	11
		同じ	
		(똑)같다, 동일하다	
A 跟 B(不)一样	A gēn B (bù) yíyàng	A is (not) the same as B...	11
		AとBは同じではない	
		A 와 B 는 같다(같지 않다)	
衣服	yīfu	clothes, clothing	4
		衣類、衣服	
		옷	
医生	yīshēng	doctor	14
		医者	
		의사	
医院	yīyuàn	hospital	14
		病院	
		의원, 병원	
已经	yǐjīng	already	16
		すでに	
		이미	
以后	yǐhòu	after, later	9
		～の後	
		이후, 금후	
以前	yǐqián	before	7
		以前	
		이전, 과거	
以下	yǐxià	below	12
		以下	
		이하	
因为	yīnwèi	because	9
		～なので、～だから	
		～때문에	

阴天	yīntiān	a cloudy day	12
		曇り	
		흐린 하늘, 흐린 날씨	
音乐	yīnyuè	music	11
		音楽	
		음악	
银行	yínháng	bank	4
		銀行	
		은행	
饮料	yǐnliào	drink	10
		飲み物	
		음료, 음료수	
应该	yīnggāi	should	8
		〜でなければならない、〜べきである	
		[조동]마땅히~해야 한다	
英国	Yīngguó	Britain	1
		イギリス	
		영국	
英文	Yīngwén	English	8
		英語	
		영어	
英语	Yīngyǔ	English	1,2
		英語	
		영어	
营业员	yíngyèyuán	shop assistant	4
		店員	
		점원, 판매원	
用	yòng	need, to use	6
		用いる	
		쓰다, 사용하다	
不用	búyòng	need not, unnecessary	6
		要らない	
		쓰지 않다	
优美	yōuměi	graceful	8
		優美	
		우아하고 아름답다	

初级口语（1）

邮局	yóujú	post office	6, 13
		郵便局	
		우체국	
油腻	yóunì	oily, fatty	5
		脂っこい	
		기름지다, 기름기가 많다	
游览	yóulǎn	to go sightseeing	9
		観光する	
		유람하다, 여행가다, 놀러가다	
游泳	yóu yǒng	to swim	11, 12
		泳ぐ	
		수영	
有	yǒu	to have, there be	2
		有る	
		가지고 있다, 소유하다	
有点儿	yǒudiǎnr	a bit, somewhat	16
		少し	
		조금, 약간	
有时候	yǒushíhou	sometimes	8
		時には	
		경우에 따라서(는), 때로(는), 이따금, 간혹	
有意思	yǒu yìsi	interesting	9
		面白い	
		재미있다	
右	yòu	right	6
		右	
		우측, 오른쪽	
鱼	yú	fish	5
		魚	
		물고기	
愉快	yúkuài	happy	16
		愉快	
		기쁘다, 유쾌하다	
雨	yǔ	rain	12
		雨	
		비	

下雨	xià yǔ	to rain	12
		雨が降る	
		비가 내리다	
语法	yǔfǎ	grammar	7
		文法	
		어법, 문법	
预报	yùbào	to forecast	12
		予報	
		예보	
豫园	yùyuán	Yuyuan Garden	9
		豫園	
		예원	
圆珠笔	yuánzhūbǐ	ball pen	2
		ボールペン	
		볼펜	
远	yuǎn	far	6
		遠い	
		멀다	
月	yuè	month	3
		月	
		월, 달(시간의 단위)	
越来越	yuèláiyuè	more and more	14
		だんだん、ますます	
		점점, 더욱더	
运动	yùndòng	sport	11
		運動	
		운동하다	

Z

再	zài	again	6
		再び	
		재차, 다시	
在	zài	to be at, in or on a place	5
		～で	
		[동] ～에 있다	

271

短平快汉语
初级口语（1）

早饭	zǎofàn	breakfast	3
		朝食	
		조반, 아침밥, 아침식사	
早上	zǎoshang	(early) morning	3
		朝	
		아침	
怎么	zěnme	how	6
		どう、どのように	
		어떻게, 어째서	
怎么样	zěnmeyang	How about	8
		どんな、どのような、どんなに、どのように	
		어떠하냐, 어떻게, (성질, 상황, 방식 따위를 물음)	
展览馆	zhǎnlǎnguǎn	exhibition hall	9
		展覧館	
		전시관	
张	zhāng	a measure word for ticket, desks, tables, paper, etc.	6
		量詞, 枚（チケット、テーブル、紙など）	
		종이, 모피, 책상, 의자 (침대 따위의 넓은 표면을 가진 것을 세는 단위)	
找	zhǎo	to give change	4
		つりを出す	
		찾다, 구하다, 물색하다	
照片	zhàopiàn	photo	9
		写真	
		사진	
照相	zhào xiàng	to take pictures	9
		写真を撮る	
		사진을 찍디	
这	zhè	this	2
		この	
		이것, 이, 저	
这儿	zhèr	here	6
		ここ	
		여기[이곳], 거기[그곳]	
支	zhī	a measure word for pen	2
		量詞, 本	
		(가늘고 긴 물건을 세는 단위) 개	

知道	zhīdào	to know	5
		知っている、分かる	
		알다, 이해하다, 깨닫다	
只	zhǐ	only	9
		一つだけの	
		겨우단지, 다만 , 오직	
中饭	zhōngfàn	lunch	3
		昼食	
		중식, 점심	
中国	Zhōngguó	China	1
		中国	
		중국	
中国银行	Zhōngguó Yínháng	Bank of China	6
		中国銀行	
		중국은행	
中文	Zhōngwén	Chinese	8
		中国語	
		중국어	
中午	zhōngwǔ	at noon	3
		正午、昼ごろ	
		점심때, 정오	
住	zhù	to live	7
		住む	
		[동] 살다	
住宿	zhùsù	accommodation	15
		泊する	
		묵다, 숙박하다	
注意	zhùyì	to pay attention to	14
		注意する、気をはける	
		주의하다, 조심하다	
祝	zhù	wish	16
		心から願う	
		빌다, 축원하다	
准备	zhǔnbèi	to prepare	15
		準備(する)	
		~하려고 하다. ~할 작정[계획]이다	

短平快汉语

初级口语（1）

自己	zìjǐ	oneself 自分 [대]자기, 자신	8
自行车	zìxíngchē	bike 自転車 자전거	9
走	zǒu	to walk 歩く 걷다, 걸어가다	6
走路	zǒu lù	to walk 歩く 걷다, 길을 가다	9
足球	zúqiú	football サッカー 축구	11
最	zuì	most 最も、いちばん 매우, 아주, 최고로	11
最近	zuìjìn	recently 最近 최근, 요즈음	14
昨天	zuótiān	yesterday 昨日 어제	3,4
左	zuǒ	left 左 왼쪽	6
左右	zuǒyòu	about, or so ぐらい、約 ~가량, ~정도	12
坐	zuò	travel by (bus, train, plain, etc.) 乗る 앉다	6
做	zuò	to do ～する [동]제조하다, 만들다, 짓다	8
做客	zuòkè	to be a guest in someone's house 人を訪問する、客になる 손님이 되다, 초대 받다	10

附录一

Zhōngguó càimíng
中国 菜名

lěngcài lèi
一、冷菜类

báizhǎnjī	guìhuā táng'ǒu	hóngzǎo liánxīn
白斩鸡	桂花 糖藕	红枣 莲心
jiàngyā	kǎo zǐ yú	liángbàn hǎizhé
酱鸭	烤 子鱼	凉拌 海蜇
liángbàn huángguā	mòyú dàkǎo	pídàn dòufu
凉拌 黄瓜	墨鱼 大烤	皮蛋 豆腐
sìxǐ kǎofū	xiánjī	yóubào xiā
四喜烤麸	咸鸡	油爆 虾
zāo fèngzhǎo	zāo máodòu	
糟 凤爪	糟 毛豆	

chǎocài lèi
二、炒菜类

bābǎoyā	běijīng kǎoyā	dōngpōròu
八宝鸭	北京 烤鸭	东坡肉
fānqié chǎodàn	fúróng jīpiàn	gànjiān dàiyú
蕃茄 炒蛋	芙蓉 鸡片	干煎 带鱼
gōngbào jīdīng	gǔlǎoròu	háoyóu niúròu
宫爆 鸡丁	古老肉	蚝油 牛肉
háoyóu shēngcài	hóngshāo jìyú	huíguōròu
蚝油 生菜	红烧 鲫鱼	回锅肉

jiācháng dòufu	kāiyáng gānsī	málà dòufu
家常 豆腐	开洋 干丝	麻辣 豆腐
mùxūròu	qiézhī yúpiàn	qīngjiāo ròusī
木须肉	茄汁 鱼片	青椒 肉丝
qīngjiāo tǔdòusī	qīngchǎo xiārén	sānxiān guōbā
青椒 土豆丝	清炒 虾仁	三鲜 锅巴
shuàn yángròu	suànxiāng páigǔ	tángcù huángyú
涮 羊肉	蒜香 排骨	糖醋 黄鱼
tiěbǎn niúròu	xīqín bǎihé	xiānggū càixīn
铁板 牛肉	西芹 百合	香菇 菜心
xièfěn dòufu	xièfěn shīzitóu	yóumèn jiāobái
蟹粉 豆腐	蟹粉 狮子头	油焖 茭白
yúxiāng qiézibāo	yúxiāng ròusī	zāoliū yúpiàn
鱼香 茄子煲	鱼香 肉丝	糟溜 鱼片

tāng lèi
三、汤类

fānqié dànhuā tāng	huǒtuǐ dōngguā tāng	lǎoyā tāng
蕃茄 蛋花 汤	火腿 冬瓜 汤	老鸭 汤
ròusī dòufu jìcài gēng	shāguō yútóu tāng	sùmǐ gēng
肉丝 豆腐 荠菜 羹	沙锅 鱼头 汤	粟米 羹
suānlà tāng	xīhú chúncài tāng	yāndǔ xiān
酸辣 汤	西湖 莼菜 汤	腌笃 鲜
yínyú gēng	zhàcài ròusī tāng	
银鱼 羹	榨菜 肉丝 汤	

四、点心类 (diǎnxīn lèi)

- 炒年糕 chǎoniángāo
- 春卷 chūnjuǎn
- 葱油饼 cōngyóubǐng
- 蛋炒饭 dànchǎofàn
- 馄饨 húntun
- 饺子 jiǎozi
- 酒酿圆子 jiǔniàng yuánzǐ
- 麻饼 mábǐng
- 南瓜饼 nánguābǐng
- 肉丝汤面 ròusī tāngmiàn
- 炒面 chǎomiàn
- 小笼包子 xiǎolóng bāozi
- 扬州炒饭 yángzhōu chǎofàn

附录二

中国大城市特色餐馆
Zhōngguó dà chéngshì tèsè cānguǎn

一、北京的特色餐馆
Běijīng de tèsè cānguǎn

餐馆名	特色	地址
北京香港美食城	广东菜（粤菜）	东城区东安门大街18号
大四川豆花庄	四川菜（川菜）	海淀区玉泉路5号
东来顺饭庄总店	传统风味涮羊肉	东城区新东安市场
仿膳饭庄	宫廷风味菜点	西城区文津街1号
丰泽园饭庄	山东菜（鲁菜）	宣武区珠市口西大街83号
烤肉宛饭庄	北京风味烤肉	复兴门内大街93号
来今雨轩饭庄	红楼梦菜系	东城区中山公园内
全聚德烤鸭店总店	挂炉烤鸭	前门西大街14号楼
砂锅居	京味菜	西四南大街60号
上海大都会	上海菜（沪菜）	朝阳区东三环农展馆向北
韶山毛家菜	湖南菜（湘菜）	东城区南海沿华龙街

二、上海的特色餐馆
Shànghǎi de tèsè cānguǎn

餐馆名	特色	地址
功德林蔬食处	素菜	南京西路 445 号
洪长兴羊肉馆	清真菜（涮羊肉）	南京东路 685 号
龙华寺素斋	素菜	龙华镇龙华宾馆内
绿波廊餐厅	上海点心、上海菜	豫园路 131 号
绿杨村酒家	川菜、淮扬菜	南京西路 763 号
梅龙镇酒家	川菜、淮扬菜	南京西路 1081 弄 22 号
美林阁	江、浙、沪菜	虹桥路 1881 号
上海不夜城全聚德大饭店	京菜	天目西路 547 号
上海老饭店	上海菜	福佑路 242 号
上海人家	上海菜	云南中路 41 号
天天旺茶宴馆	茶菜	襄阳南路 500 号
王宝和大酒店	上海菜（大闸蟹）	九江路 555 号
小南国	上海菜	虹桥路 1848 号
新雅粤菜馆	粤菜	南京东路 719 号
杏花楼	粤菜	福州路 343 号
燕云楼	京菜	南京东路 755 号
扬州饭店	淮扬菜	南京西路 72 号
玉佛寺素斋	素菜	安远路 170 号
知味观	杭州菜	福建中路 345 号

三、天津 的 特色 餐馆
Tiānjīn de tèsè cānguǎn

餐馆名	特色	地址
大福来锅巴菜店	天津传统小吃	和平区南市食品街1区5号
耳朵眼炸糕店	天津传统小吃	和平路119号
狗不理包子铺	天津传统小吃	和平区南市食品街1区1层2号
关东乡里香	京菜	天津南开区黄河道
内蒙莜面大王	京菜、内蒙炖菜	河东区六纬路4号（海关大厦南侧）
塞外香驴	京菜、驴肉	天津河西区友谊路1号（友谊路与绍兴道交口）
天津市桂发祥酒楼	鲁菜、粤菜、津菜	河西区大沽南路816号
天津天水酒店	京菜	天津市河西区平山道
天津卫1928	天津家常菜	南开区南门外大街5号女人街1楼

四、西安 的 特色 餐馆
Xī'ān de tèsè cānguǎn

餐馆名	特色	地址
德发长酒店	西安传统小吃、饺子宴	钟鼓楼广场西大街3号
西安饭庄	陕西风味菜	东大街298号
同盛祥羊肉泡馍馆	羊肉泡馍	西大街33号
解放路饺子馆	西安特色饺子	解放路229号
春发生葫芦头	羊肉泡馍	南院门19号
贾三灌汤包子店	羊肉、牛肉、三鲜灌汤包	莲湖区北院门111号

附录三

Zhōngguó dà chéngshì lǚyóu jǐngdiǎn jí lǚyóu xiànlù
中国 大 城市 旅游 景点 及 旅游 线路

Běijīng de lǚyóu jǐngdiǎn jí lǚyóu xiànlù
一、北京 的 旅游 景点 及 旅游 线路

lǚyóu jǐngdiǎn
旅游 景点

景点名	地点
八达岭长城	北京市延庆县八达岭镇关沟北端
北海公园	西城区文津街1号，中南海北侧
龙庆峡风景区	北京市延庆县旧县镇古城村北
明十三陵	北京昌平十三陵水库
慕田峪长城	北京怀柔三渡河乡慕田峪关
十渡风景区	北京市房山区十渡镇
天安门广场	北京市市中心，东城区景山前街4号
天坛公园	崇文区天坛路天桥东侧
香山公园	海淀区香山公园
颐和园旅游区	北京市海淀区颐和园路新建宫门路19号
周口店遗址博物馆	北京市房山区周口店龙骨山山脚下

lǚyóu xiànlù
旅游 线路

◇ **长城专线一日游**：八达岭长城(80元)、十三陵的首陵——长陵(50元)、十三陵水库、石牌坊、居庸关外景
◇ **文化古迹线一日游**：圆明园(20元)、香山(15元)、中华世纪坛外景、恭亲王府(60元)、元大都遗址公园、王府井自由购物
◇ **市内旅游景点线一日游**：大观园(门票60元)、电影城(门票60元)、海底世界(门票60元)、中央电视台观光塔(门票50元)、颐和园或世界公园(门票80或60元)

短平快汉语
初级口语(1)

Shànghǎi de lǚyóu jǐngdiǎn jí lǚyóu xiànlù
二、上海 的 旅游 景点 及 旅游 线路

lǚyóu jǐngdiǎn
旅游 景点

景点名	地点
大世界游乐中心	西藏南路 1 号
东方明珠电视塔	浦东陆家嘴路 504 弄 2 号
黄浦江游览	中山东二路 239 号（金陵东路外滩）
金茂大厦	浦东世纪大道 2 号
孔庙、汇龙潭	嘉定区嘉定镇南大街
鲁迅公园	东江湾路 146 号
浦东世纪公园	浦东花木地区
上海博物馆	人民大道 201 号
上海城市规划展示馆	人民大道 100 号
上海城市历史陈列馆	浦东东方明珠塔下
上海大观园	青浦区金泽杨舍
上海动物园	虹桥路 2381 号
上海历史博物馆	虹桥路 1286 号
上海野生动物园	浦东南汇县三灶镇
上海植物园	龙吴路 1100 号
上海自然博物馆	延安东路 260 号
佘山国家旅游度假区	松江区佘山镇
水乡古镇朱家角	青浦区朱家角镇
外滩	中山东一路
外滩奇石博物馆	外滩黄浦公园内
豫园	安仁街 132 号

lǚyóu xiànlù
旅游 线路

- **上海名胜一日游**：外滩、南浦大桥——豫园、城隍庙——上海博物馆、人民广场——南京路步行街购物
- **沪上名寺观光一日游**：玉佛寺——龙华旅游城、龙华寺——徐汇商城购物
- **市内购物一日游**：徐家汇商城——淮海路商业街——南京路商业街——豫园商城——绿波廊餐厅晚餐
- **市内名人故居一日游**：宋庆龄故居——孙中山故居——鲁迅故居、鲁迅墓、鲁迅纪念馆——四川北路商业街
- **外滩浦东一日游**：外滩——黄浦江底观光隧道——陆家嘴金融贸易区、东方明珠电视塔、金茂大厦——滨江大道,欣赏外滩夜景
- **上海夜间游**：乘黄浦江游览船,观浦江外滩两岸夜景——欣赏和平饭店老年爵士乐队表演
- **上海西郊一日游**：青浦淀山湖大观园——江南古镇朱家角
- **苏州园林一日游**：游狮子林、拙政园、虎丘、寒山寺
- **周庄水乡一日游**：古镇风情,兴隆桥、富安桥、贞丰桥、双桥、张厅、沈厅
- **乌镇风情一日游**：古桥(30多座),茅盾故居,染店作坊等,传统民居,江南木雕陈列室,古钱币馆,石佛寺等。
- **无锡新景一日游**：游唐城、欧洲城、三国城
- **绍兴名胜一日游**：游览东湖、兰亭,参观大禹陵、鲁迅故居
- **杭州西湖一日游**：登六和塔、游西湖、岳坟、虎跑泉

三、天津的旅游景点及旅游线路

旅游景点

景点名	地点
潮音寺	塘沽区海河西岸的西大沽境内
大悲禅院	河北区天纬路
大沽炮台	市东南60公里塘沽区
古文化街	老城东北角（现南开区内）
广东会馆	天津老城区
海河夜景	天津市内
黄崖关长城	蓟县北部山区
盘山	蓟县城西北12公里处
望海楼	海河北岸狮子林桥旁
西开教堂	和平区滨江道独山路
杨柳青民俗博物馆	西青区杨柳青估衣街47号
张学良故居	和平区赤峰道78号
周邓纪念馆	南开区水上路1号

旅游线路

- ◇ **都市风光一日游**：天津广播电视塔、古文化街、广东会馆、南市食品街、周邓纪念馆、杨柳青年画社、滨江道步行街、海河夜景
- ◇ **海河海湾一日游**：从解放桥乘船游览海河，天津新港，渤海湾，下船乘车参观大沽炮台
- ◇ **滨海度假一日游**：海滨浴场、赶海拾贝、大沽炮台、潮音寺一日游
- ◇ **渔家风情一日游**：北塘下海捕鱼、品尝海鲜、逛洋货市场一日游
- ◇ **西青民俗一日游**：石家大院、杨柳青年画坊、霍元甲故居及陵园一日游
- ◇ **蓟县名胜一日游**：黄崖关长城、盘山

四、西安 的 旅游 景点 及 旅游 线路

旅游 景点

景点名	地点
碑林博物馆	西安古城墙南城内侧的三学街
大雁塔	西安市南部的慈恩寺内
法门寺	扶风县北 10 公里的法门镇
华清池	西安城东，骊山北麓
秦兵马俑博物馆	距西安市 30 多公里的临潼骊山脚下
秦始皇陵	临潼城东 5 公里处，背靠骊山
陕西历史博物馆	大雁塔的西北侧
唐乾陵	距西安 80 公里
西安古城墙	西安市内
钟楼与鼓楼	西安市中心

旅游 线路

◇ **东线一日游**：半坡博物馆、秦始皇陵、兵马俑、华清池、骊山等
◇ **西线一日游**：咸阳博物馆、茂陵、乾陵、昭陵、霍去病墓、杨贵妃墓、法门寺
◇ **南线一日游**：兴教寺、香积寺、杜甫祠、翠华山、南五台、嘉午台、榨水溶洞、蓝田猿人遗址等
◇ **北线一日游**：三原城隍庙、药王山石刻、耀州窑博物馆、黄帝陵等
◇ **市内一日游**：陕西历史博物馆、碑林博物馆、大雁塔、小雁塔、半坡博物馆、西安明城墙、钟楼、鼓楼等

附录四

中国大城市的特色街道及特色商店

一、北京的特色街及特色商店

特色街

路名	特色
朝阳门外大街	新兴的商业区,海蓝云天购物商城专售家居用品,很有特色
东直门餐饮街	汇聚了100多家餐厅
琉璃厂文化街	古色古香的古玩一条街,除了古玩外还有笔、墨、纸、砚等文房四宝,传统工艺、书画买卖。
隆福寺民俗商业街	是京城商业密集的购物中心之一,全北京电影院最密集的一条街
马连道茶叶一条街	中国北方最具规模的茶叶市场,精美的茶具,美妙的茶艺表演
前门大街	500年前就是北京的商业中心
三里屯酒吧街	充满异国情调的饮食文化特色街
王府井大街	北京最有名的商业街,距今已有近百年的历史,在不足一公里长的大街上商店密集
西单北大街	被称为第二个王府井,是一条在竞争中发展起来的繁华商业街区
秀水服装街	经营具有旅游文化特色的外贸服装,丝绸制品,旅游纪念品等

tèsè shāngdiàn
特色 商店

店名	特色	地点
北京古玩城	文物、古董	华威桥西侧
六必居	酱菜，既好吃又便宜	宣武区前门外粮食店街 3 号
马聚源	有名的帽子店	宣武区大栅栏街 8 号
内联升	百年鞋店	宣武区大栅栏街 34 号
荣宝斋	经营文房四宝、国画	宣武区琉璃厂西街 19 号
同仁堂药店	北京最有名的老字号药店	崇文区前门东大街
张一元	专门经营茶叶	宣武区大栅栏街 22 号

Shànghǎi de tèsè jiē jí tèsè shāngdiàn
二、上海的特色街及特色商店

tèsè jiē
特色 街

路名	特色
多伦路	文化街
福州路	文化用品及书店特色街
广东路、东台路	文物古玩街
衡山路	休闲娱乐街
淮海路	第二商业街，精品街
黄浦路	美食街
浏河路	民间古玩工艺市场
南京东路步行街	中华第一商业街
四川北路	第三商业街
西藏路	旅游街
襄阳路（淮海路）	服饰礼品市场
雁荡路	休闲街
云南南路	美食街

tèsè shāngdiàn
特色 商店

店名	特色	地点
龙凤中式服装商店	中国民族服装	南京西路819号
上海大不同天山茶城	茶叶、茶具等	中山北路520号
上海景德镇艺术瓷器服务部	花瓶等瓷器	南京西路1175号
上海筷子店	筷子	豫园商场内
上海王星记扇庄	扇子	西藏中路566号
上海文物商店	文物、古董	广东路218~226号
上海真丝商厦	真丝面料	天平路139号
天福茗茶·天仁食品	茶叶、茶糖、茶果	淮海中路1854号等
万里乐器商店	民族乐器	西藏南路109号
万里手杖商店	各种手杖	豫园商场内
戏剧服装用品商店	戏剧表演服装	河南中路181号（近福州路）
叙友茶庄	茶叶	淮海中路362号等

Tiānjīn de tèsè jiē jí tèsè shāngdiàn
三、天津 的 特色 街 及 特色 商店

tèsè jiē
特色 街

路名	特色
服装街	经营名、特、优、新服装及各种面料、鞋帽、百货及食品、烟酒等
和平路商业步行街	国内最长的商业步行街，有仿古观光车
和平区风味食品街	汇集南北风味餐馆、各地名特小吃
南市旅馆街	街内有旅馆、饭店、商场、及各种服务场所
南市食品街	有百家餐馆、酒楼，同时还有国内200余种特色小吃
十月美食街	知名店铺多，每年定期举办正月十五灯节、夏季夜市和各种优质食品展销活动
天津古文化街	经营文物古玩、图画字画、文房四宝，各种工艺品和民俗文化用品

tèsè shāngdiàn
特色 商店

店名	特色	地点
地毯一厂经营部	地毯	河东区津塘公路
泥人张工艺品经营部	传统工艺品——泥人	南开区古文化街宫北97号
特种工艺品厂门市场	各类工艺品	河东区六纬路16号
杨柳青年画店	传统工艺品——年画	南开区古文化街
友谊商店	各类特色商品	和平区解放路233号

四、西安的特色街及特色商店
Xī'ān de tèsè jiē jí tèsè shāngdiàn

tèsè jiē
特色 街

路名	特色
城隍庙日用百货一条街	日用品及其他杂货
东六路书市一条街	书店、书展
仿古一条街	经营兵马俑、铜车马、唐三彩等仿古工艺品
骡马市服装一条街	各类服装
南新街花卉一条街	各类花卉
书院门文化商业街	100多家店铺经营碑帖、拓片、名人字画、印章印谱、文房四宝等
文艺路布匹一条街	经营各类服装面料
沿朴路集邮一条街	各类邮票的经营及交易

tèsè shāngdiàn
特色 商店

店名	特色	地点
陕西历史博物馆门市部	各类仿古工艺品	西安市小寨东路 91 号
西安锦江刺绣厂刺绣阁商店	刺绣工艺品	西安市北四府街 79 号
西安市景泰蓝工艺商场	各种景泰蓝工艺品	西安市雁塔路中段 9 号
西安市文物商店	文物、古董	西安市东大街 375 号
西安市玉石雕刻厂	各种玉雕艺术品	西安市西一路 173 号
西安文宝斋旅游购物中心	兵马俑复制品、唐三彩等仿古工艺品，以及剪纸布艺等民间手工艺品	西安市雁塔路中段 5 号

附录五

中国 大 城市 常用 电话 号码
Zhōngguó dà chéngshì chángyòng diànhuà hàomǎ

一、中国 各地 通用 电话 号码
Zhōngguó gè dì tōngyòng diànhuà hàomǎ

- 火警电话：119
- 报警电话：110
- 救护电话：120
- 天气预报查询电话：121
- 市内电话查询电话：114
- 邮政编码查询电话：184

二、北京 的 常用 电话 号码
Běijīng de chángyòng diànhuà hàomǎ

- 首都机场问询电话：(010)64563604/05/06/08
- 北京民航大厅订票电话：(010)66017755
- 北京火车站问讯处电话：(010)62011172、63224274
- 北京西客站问讯处电话：(010)63226263、63220114
- 预定出租车电话：(010)68373399
- 国际医疗中心电话：(010)64651561

Shànghǎi de chángyòng dànhuà hàomǎ
三、上海的常用电话号码

- 机场问讯电话：(虹桥机场) 021-62683659
  (浦东机场) 021-38484500
- 火车新客站问讯电话：021-63179090
- 铁路上海站免费订票热线：8008207890
- 轮船客运问讯电话(上海港)：021-63261261
- 大众旅游咨询热线：021-63531349
- 消费者协会投诉电话：12315
- 交通投诉热线：962000

Tiānjīn de chángyòng dànhuà hàomǎ
四、天津的常用电话号码

- 民航客运售票处电话：022-23393497(国际)、
  022-23301543(国内)
- 铁路查询电话：022-26180114
- 天津市消费者协会电话：022-24450315
- 天津人民政府举报中心：022-63848720
- 市政府专线电话：12345
- 公安局举报电话：022-23398255
- 特快专递服务台：11185

Xī'ān de chángyòng dànhuà hàomǎ
五、西安的常用电话号码

- 交通事故报警电话：122
- 铁路信息查询电话：2585
- 民航问询电话：88708450
- 火车时间问询电话：87426076
- 西安机场售票处电话：(029)7297872
- 西安火车站售票处电话：(029)7425674
- 西安市急救中心电话：(029)7213460
- 西安旅游投诉电话：87630166

附录六

中国 大 城市 部分 出租车 公司
Zhōngguó dà chéngshì bùfen chūzūchē gōngsī

一、北京 部分 出租车 公司
Běijīng bùfen chūzūchē gōngsī

名称	叫车电话	顶灯标志
北京北汽九龙出租汽车股份有限公司	010-64323788	"北汽"
北京金建出租车公司	010-88952931	"金建"
北京首汽集团公司	010-63957875	"首汽"
北京银建实业股份有限公司	010-96103	"银建"
北京渔阳联合出租公司	010-87606696	"渔阳"

二、上海 部分 出租车 公司
Shànghǎi bùfen chūzūchē gōngsī

名称	叫车电话	顶灯标志
上海巴士出租汽车有限公司	84000	"巴士"
上海大众出租汽车公司	62188888	"大众"
上海锦江出租汽车服务公司	62155555	"锦江"
上海农工商出租汽车公司	84000	"农工商"
上海强生出租汽车公司	62580000	"强生"

三、天津部分出租车公司
Tiānjīn bùfen chūzūchē gōngsī

名称	叫车电话	顶灯标志
华特客货出租汽车有限公司	022-27649927	"华特"
天津海河出租汽车公司	022-26312222	"海河"
天津金顺出租汽车公司	022-27536639	"金顺"
天津联众出租车公司	022-26271555	"联众"

四、西安部分出租车公司
Xī'ān bùfen chūzūchē gōngsī

名称	叫车电话	顶灯标志
西安三鼎出租车队	029-88537065	"三鼎"
西安市莲湖出租汽车公司	029-86265610	"莲湖"
西安亚辉汽车客运有限责任公司	029-85408330	"亚辉"
西旅集团旅游汽车公司出租汽车分公司	029-82512665	"西旅"

附录七

中国大城市主要医院
Zhōngguó dà chéngshì zhǔyào yīyuàn

一、北京的主要医院
Běijīng de zhǔyào yīyuàn

医院名	特色	地址
儿童医院	综合性儿童医院	西城区南礼士路56号
阜外医院	心血管病医院	北礼士路167号
积水潭医院	骨科医院	新街口东街31号
口腔医院	口腔专科医院	崇文区天坛西里4号
协和医院	妇产科	东城区帅府园1号
友谊医院	综合性医院	宣武区永安路95号

二、上海的主要医院
Shànghǎi de zhǔyào yīyuàn

医院名	特色	地址
第九人民医院	口腔科、整复外科	上海市制造局路639号
儿科医院	综合性儿童医院	枫林路183号
国际和平妇幼保健院	妇科、产科	衡山路910号
华东医院	综合性医院	延安西路221号
龙华医院	中医、推拿	宛平南路725号
眼耳鼻喉科医院	眼耳科、鼻喉科专科医院	汾阳路83号

三、天津 的 主要 医院
Tiānjīn de zhǔyào yīyuàn

医院名	特色	地址
第一中心医院	综合性医院	南开区复康路 24 号
儿童医院	综合性儿科医院	河西区马场道 225 号
人民医院	腔肠外科	红桥区芥园道 130 号
天津医院	骨科	解放南路 406 号
天津中医医院	综合性中医医院	河北区中山路 125 号
中医学院第二附属医院	妇科、心内科	河北区真理道 3 号

四、西安的 主要 医院
Xī'ān de zhǔyào yīyuàn

医院名	特色	地址
儿童医院	儿童专科医院	莲湖区西举院巷 69 号
陕西省妇幼保健院	妇科、产科	西安市后宰门 73 号
西安交大医学院附属二院	呼吸内科	西五路 157 号
西安市第三医院	综合性医院	大庆路 215 号
西安市第四医院	心血管内科、眼科	新城区解放路 214 号
西安市中医医院	中医	东大街 183 号